Über das Älterwerden – Alt werden ist doof, aber jung zu sterben ist auch keine Lösung!

Von Frank Kemper (mit KI Unterstützung).

Inhaltsverzeichnis

Über das Älterwerden – *(Wilhelm Busch)*

Das Gedicht „**Über das Älterwerden**" stammt aus der Feder von Wilhelm Busch.

Das große Glück, noch klein zu sein,
sieht mancher Mensch als Kind nicht ein
und möchte, dass er ungefähr
so 16 oder 17 wär'.

Doch schon mit 18 denkt er: „Halt!
Wer über 20 ist, ist alt."
Warum? Die 20 sind vergnüglich –
auch sind die 30 noch vorzüglich.

Zwar in den 40 – welche Wende –
da gilt die 50 fast als Ende.
Doch in den 50, peu à peu,
schraubt man das Ende in die Höh'!

Die 60 scheinen noch passabel
und erst die 70 miserabel.
Mit 70 aber hofft man still:
„Ich schaff' die 80, so Gott will."

Wer dann die 80 biblisch überlebt,
zielsicher auf die 90 strebt.
Dort angelangt, sucht er geschwind
nach Freunden, die noch älter sind.

Doch hat die Mitte 90 man erreicht
– die Jahre, wo einen nichts mehr wundert -,
denkt man mitunter: „Na – vielleicht
schaffst du mit Gottes Hilfe auch die 100!"

1. Kapitel: Willkommen im Club der „Best Ager"!

Na, dann mal hereinspaziert und **herzlich Willkommen im Club**!

Man nennt uns ja gerne die „Best Ager" oder die Generation „50 Plus". Zugegeben, diese Begriffe klingen manchmal etwas nach Hochglanzmagazin, und ob man sich *immer* so „best" fühlt, wenn morgens die Gelenke knacken oder man die Speisekarte nur noch mit Lesebrille entziffern kann, sei mal dahingestellt. Aber wie schon Wilhelm Busch im Vorwort so treffend beschrieben hat: Die Sicht auf das Alter(n) wandelt sich, und jede Lebensphase hat ihre ganz eigenen Tücken, aber eben auch ihre ganz besonderen Reize und Chancen.

Dieses erste Kapitel soll uns gemeinsam auf die spannende Reise durch die Lebensmitte einstimmen. Wir wollen gleich zu Beginn mit ein paar gängigen, oft negativen Klischees über das Älterwerden aufräumen und zeigen, warum diese Phase **mehr als nur graue Haare** ist (Abschnitt 1.1). Wir werden mit einem Augenzwinkern betrachten, warum sich dieser Lebensabschnitt manchmal wie eine Art **„zweite Pubertät"** anfühlen kann – mit all ihren hormonellen und emotionalen Turbulenzen (Abschnitt 1.2). Und wir klären von Anfang an, was dieser Ratgeber für dich sein möchte: eine **Ermutigung zum Hinhören** und ein Wegweiser – und was er eben nicht ist.

Denn eines ist sicher: Die Jahre, in denen wir uns jetzt befinden – grob gesagt zwischen Mitte 40 und Mitte 60 –, sind eine unglaublich dynamische Zeit. Es ist eine Phase des Übergangs, der Veränderung auf vielen Ebenen: körperlich, hormonell, oft auch im sozialen Umfeld oder im Beruf. Aber es ist eben auch eine Zeit voller Potenzial, neuer Freiheiten und der Möglichkeit, das Leben bewusster zu gestalten und vielleicht sogar ganz neue Wege einzuschlagen.

Lass uns also mit Neugier, einer guten Portion Humor und dem beruhigenden Gefühl, dass wir mit unseren Erfahrungen nicht allein sind, in dieses Thema eintauchen. Dieser Ratgeber soll dir Wissen, Orientierung und Zuversicht geben, damit du gut informiert und möglichst gelassen durch diese aufregenden Jahre navigieren kannst. Legen wir los!

Warum die Lebensmitte mehr als nur graue Haare ist

Hand aufs Herz: Wenn das Wort „Lebensmitte" fällt, was ploppt da als Erstes im Kopf auf? Bei vielen sind es wahrscheinlich Bilder von der ersten Lesebrille, die sich heimlich auf die Nase schleicht, von Haaren, die beschließen, entweder in ehrenvollem Grau zu erstrahlen oder sich gleich ganz dezent zurückzuziehen. Vielleicht denkt man auch an den Moment, in dem man beim Bücken plötzlich Geräusche macht, die man vorher nur von rostigen Scharnieren kannte. Und ja, das Klischee der „Midlife Crisis" – Mann kauft Sportwagen, Frau entdeckt die Makramee-Kunst neu – ist auch nie weit. Aber mal ehrlich: Ist das wirklich alles? Ist diese „Mitte" des Lebens nur eine Art biologischer Countdown, bei dem wir die Zipperlein zählen und wehmütig auf die Jugend zurückblicken?

Wir sagen ganz klar: **Nein! Das ist nur die Oberfläche!** Wer nur auf die grauen Haare schaut (die übrigens ziemlich lässig aussehen können!), verpasst das Beste. Denn die Lebensmitte ist so viel mehr – sie ist eine unglaublich spannende Phase voller ungenutzter Möglichkeiten und neuer Perspektiven.

Es gibt auch gute Seiten:

- **Kein Militäreinsatz:** Du bist jetzt nicht mehr in dem Alter, in dem Du für Militäreinsätze in Frage kommst. Gerade in Zeiten wie heute, bei denen man ernsthaft wieder damit rechnen muss, dass es zu einem neuen Krieg kommt ist das nicht zu unterschätzen.
- **Dein Erfahrungsschatz ist riesig:** Du hast schon so viel erlebt, gemeistert, gelernt. Du weißt (meistens),

was du willst und – noch wichtiger – was du nicht mehr willst. Du kennst deine Stärken und Schwächen und musst nicht mehr jedem Trend hinterherlaufen. Das verleiht eine Souveränität, die man mit 20 selten hat.

- **Neue Freiheiten winken:** Oft sind die Kinder aus dem Gröbsten raus oder schon aus dem Haus. Das mag erst mal ungewohnt sein („Empty Nest Syndrom"), aber es bedeutet auch: Mehr Zeit für dich! Für Partnerschaft, Hobbys, Reisen ohne den halben Hausstand mitschleppen zu müssen, oder vielleicht sogar für eine berufliche Neuorientierung.

- **Gelassenheit kann wachsen:** Man hat schon einige Stürme überstanden und gelernt, dass nicht jedes Gewitter die Welt untergehen lässt. Viele entwickeln in dieser Phase eine neue Form von Gelassenheit. Man regt sich nicht mehr über jede Kleinigkeit auf und kann auch mal Fünfe gerade sein lassen. Diese innere Ruhe ist unbezahlbar.

- **Bewusster leben:** Viele nutzen diese Zeit, um Bilanz zu ziehen und Prioritäten neu zu setzen. Was ist mir wirklich wichtig im Leben? Wofür möchte ich meine Energie einsetzen? Das kann zu sehr erfüllenden Entscheidungen führen.

Klar, wir wollen nichts beschönigen: Der Körper verändert sich (darum geht es ja in diesem Ratgeber), und das bringt Herausforderungen mit sich. Aber diese Veränderungen sind nur *ein* Teil des großen Ganzen.

Die Lebensmitte ist definitiv viel zu schade, um sie nur unter dem Aspekt „graue Haare" abzutun!

Die zweite Pubertät? Mit Humor und Neugier durch neue Phasen

Wir haben also festgestellt: Die Lebensmitte ist eigentlich eine ziemlich coole Sache voller Erfahrung und neuer Möglichkeiten. Aber Hand aufs Herz – manchmal fühlt sich das Ganze trotzdem ein bisschen... holprig an, oder? Fast so, als würde der Körper ein zweites Mal verrücktspielen, ähnlich wie damals in der Pubertät.

Klingt erstmal komisch, aber der Vergleich hat was! Erinnerst du dich? Mit 13, 14, 15 spielten die Hormone verrückt, der Körper machte gefühlt, was er wollte (Stimmbruch! Pickel-Alarm! Wachstumsschübe aus dem Nichts!), die Laune glich einer Achterbahnfahrt und man fühlte sich oft wie ein schlecht programmierter Roboter im eigenen Leben. Manchmal peinlich, oft verwirrend, immer intensiv.

Und jetzt? Jahrzehnte später? Da stehen wir wieder vor einer Phase großer Veränderungen. Wieder mischen die Hormone kräftig mit (Stichwort Menopause bei Frauen, die graduellen Testosteron-Veränderungen bei Männern). Wieder überrascht uns der Körper mit neuen Eigenheiten – sei es die plötzliche Hitzewallung mitten im Meeting, die Tatsache, dass man ohne Brille die Speisekarte nicht mehr entziffern kann, oder die neu entdeckte Fähigkeit, nachts um drei putzmunter zu sein. Die Stimmung kann Kapriolen schlagen, und die Frage „Wer bin ich eigentlich jetzt?" taucht vielleicht in neuem Gewand wieder auf.

Der entscheidende Unterschied: Damals ging es ums große „Werden", ums Hineinwachsen ins Erwachsenenleben. Jetzt geht es um einen Wandel *innerhalb* des Erwachsenenlebens, um Anpassung und manchmal auch darum, lieb gewonnene Gewissheiten loszulassen. Die Verunsicherung aber, dieses Gefühl, dass der eigene Körper und vielleicht auch die Gefühlswelt gerade „under construction" sind, das kann sich durchaus ähneln.

Und genau deshalb sind Humor und Neugier jetzt deine besten Freunde!

- **Mit Humor geht (fast) alles leichter:** Wenn wir versuchen, diese Phase mit dem gleichen tierischen Ernst zu nehmen wie damals unsere Teenie-Dramen („Die Welt ist sooo ungerecht!"), machen wir es uns unnötig schwer. Wie wäre es stattdessen, die kleinen Tücken des Alltags mit einem Augenzwinkern zu sehen? Herzhaft lachen, wenn man mal wieder den Namen des Nachbarn vergessen hat? Die Lesebrille als stylisches Accessoire feiern? Oder die nächtliche Schweißattacke als „persönliches Tropenklima" verbuchen? Sich selbst und die Situation nicht immer bierernst zu nehmen, kann unglaublich befreiend sein. Und geteilter Humor verbindet – wenn du merkst, dass es anderen ähnlich geht, fühlt sich das eigene „Chaos" gleich viel normaler an.

- **Neugier statt Grübelei:** Statt bei jeder Veränderung sofort zu denken „Oh je, das war's dann wohl!", versuch doch mal eine Haltung der Neugier einzunehmen. „Aha, interessant, mein Körper macht also jetzt DAS. Was passiert da genau?" Wenn du anfängst zu verstehen, *warum* dein Körper sich verändert (und dafür ist dieser Ratgeber ja da!), nimmt das vielen Sorgen den Wind aus den Segeln. Sei neugierig darauf, was dir jetzt guttut, welche neuen Bedürfnisse du hast. Sei neugierig auf die Person, die du mit all deiner Erfahrung *und* diesen neuen Facetten bist oder wirst. Diese Entdeckungsreise zu dir selbst kann richtig spannend sein!

Natürlich gibt es Momente, da ist einem weder zum Lachen noch zum neugierigen Forschen zumute. Das ist völlig in Ordnung und menschlich! Aber eine *grundsätzliche* Einstellung, die Raum für Humor und Entdeckergeist lässt, kann dir helfen, diese Lebensphase nicht als Bedrohung, sondern als das zu sehen, was sie auch ist: Eine Zeit voller Leben, Lernen und neuer Möglichkeiten. Es ist deine Chance, aktiv zu gestalten, wie du diesen Wandel erlebst.

Was dieser Ratgeber (nicht) ist: Eine Ermutigung zum Hinhören

Nachdem wir nun schon festgestellt haben, dass die Lebensmitte weit mehr ist als das Zählen grauer Haare und dass eine Prise Humor und Neugier Wunder wirken kann, wollen wir kurz klarstellen, was du von diesem Ratgeber erwarten kannst – und was eben auch nicht.

Was dieser Ratgeber SEIN MÖCHTE:

- **Vor allem: Eine Ermutigung zum Hinhören!** Das ist uns das Wichtigste. Wir möchten dich einladen und ermutigen, auf die Signale deines Körpers und deiner Seele zu achten. Nicht im Sinne von ängstlicher Selbstbeobachtung, sondern mit wacher Aufmerksamkeit und freundlichem Interesse. Was verändert sich gerade? Was fühlt sich gut an, was eher nicht? Was brauche ich jetzt vielleicht mehr oder weniger als früher? Dieses bewusste Hinhören ist der erste und wichtigste Schritt, um gut und aktiv durch diese Lebensphase zu navigieren.

- **Ein verständlicher Kompass durch die Veränderungen:** Wir wollen dir helfen, die typischen körperlichen und manchmal auch seelischen Veränderungen – von den bekannten Hormon-Kapriolen bis zu Veränderungen bei Schlaf, Energie oder Gelenken – besser zu verstehen. Wissen nimmt Unsicherheit! Wenn du verstehst, *warum* bestimmte Dinge passieren, kannst du oft gelassener damit umgehen.

- **Ein Wegweiser im „Symptom-Dschungel":** Die große Frage lautet ja: Ist das jetzt normal oder muss ich mir Sorgen machen? Dieser Ratgeber möchte dir Anhaltspunkte geben, welche Veränderungen oft typisch und harmlos sind und bei welchen Symptomen es ratsam ist, lieber einmal mehr zum Arzt oder zur Ärztin zu gehen.

- **Ein ehrlicher Mutmacher:** Ja, es ruckelt manchmal im Getriebe des Lebens, wenn man älter wird. Aber das ist noch lange kein Grund, den Kopf in den Sand zu stecken! Wir wollen dir aufzeigen, dass diese Phase unglaublich viel Potenzial hat und dass du selbst eine Menge tun kannst, um dich wohlzufühlen, gesund zu bleiben und das Leben zu genießen.

Was dieser Ratgeber GANZ SICHER NICHT IST:

- **Ein Ersatz für den Arztbesuch!** Das können wir nicht oft genug betonen. Die Informationen hier sind allgemein gehalten und basieren auf typischen Mustern. Sie können und dürfen **niemals** eine individuelle medizinische Untersuchung, Diagnose oder Behandlung durch einen Arzt, eine Ärztin oder andere medizinische Fachpersonen ersetzen. Wenn du konkrete Beschwerden, Schmerzen oder Sorgen hast: Bitte geh zum Arzt! Dieser Ratgeber ist Werkzeug zur Information, nicht zur Selbstdiagnose.

- **Ein Verursacher von Panik:** Unser Ziel ist Aufklärung und Stärkung, nicht das Schüren von Ängsten. Es gibt genug Horrorgeschichten über das Älterwerden – wir möchten einen realistischen, aber positiven und konstruktiven Blick auf diese Lebensphase werfen.

- **Ein universelles Patentrezept:** Jeder Mensch ist ein Individuum. Dein Körper, deine Lebensumstände, deine Erfahrungen – all das ist einzigartig. Deshalb erlebst auch du die Lebensmitte auf deine ganz persönliche Weise. Dieser Ratgeber kann Impulse geben, Wissen vermitteln und Zusammenhänge aufzeigen, aber er ist keine Blaupause, die für jeden exakt gleich passt.

- **Eine hochkomplexe wissenschaftliche Studie:** Wir bemühen uns um korrekte Informationen, aber wir wollen sie so aufbereiten, dass sie im Alltag verständlich und nützlich sind – ohne seitenlange Fachbegriffe oder verklausulierte Sätze. Alltagstauglichkeit steht im Vordergrund.

Kurz gesagt: Sieh diesen Ratgeber als einen informierten, freundlichen Begleiter. Er soll dich ermutigen, gut auf dich zu achten, dir Wissen an die Hand geben und dir vielleicht helfen, die richtigen Fragen zu stellen – an dich selbst und, wenn nötig, an die Profis in den weißen Kitteln. Es geht darum, informiert, selbstbewusst und möglichst gelassen durch diese spannende Zeit zu gehen.

2. Kapitel: Das Hormon-Orchester stimmt sich neu

So, jetzt wird's richtig spannend! Wir tauchen ein in die faszinierende Welt der Hormone – diese winzigen, aber unglaublich mächtigen Botenstoffe, die in unserem Körper quasi Regie führen. Stell dir deinen Körper einfach wie ein riesiges, perfekt eingespieltes Orchester vor. Die Hormone sind die Musikerinnen und Musiker, von der zarten Triangel bis zur dröhnenden Tuba.

Sie spielen die Melodie für fast alles, was uns ausmacht und wie wir uns fühlen:

- Unsere **Stimmung:** Von himmelhoch jauchzend bis zu Tode betrübt.
- Unseren **Schlaf:** Ob wir schlafen wie ein Murmeltier oder nachts Schäfchen zählen.
- Unseren **Energiehaushalt:** Fühlen wir uns fit wie ein Turnschuh oder schlapp wie ein Waschlappen?
- Unseren **Stoffwechsel:** Wie gut unser Körper Nahrung verwertet und wie leicht wir zu- oder abnehmen.
- Unser **Aussehen:** Haut, Haare, Figur – Hormone haben überall ihre Finger im Spiel.
- Unsere **Libido:** Die Lust auf Nähe und Zärtlichkeit.
- Und natürlich die **Fortpflanzungsfähigkeit**.

Jahrelang spielt dieses Orchester meist ein eingespieltes Repertoire, mal lauter, mal leiser, aber im Großen und Ganzen harmonisch. Doch dann kommt die Lebensmitte – irgendwann zwischen 40 und 60, bei jedem ein bisschen anders – und der Dirigent (nennen wir ihn mal „Professor Zeitgeist" oder

„Madame Biologie") beschließt: Es ist Zeit für ein neues Programm!

Die Notenblätter werden neu geschrieben, einige Instrumente treten in den Vordergrund, andere ziehen sich zurück, manche werden neu gestimmt, und wieder andere legen vielleicht eine längere Pause ein. Das ganze Orchester ist dabei, sich neu zu justieren und einzustimmen.

Das Ergebnis? Die Musik klingt anders. Manchmal überraschend frisch und interessant, manchmal vielleicht auch erst mal ungewohnt, schräg oder sogar etwas nervig. Und genau diese „neue Musik" nehmen wir als die typischen Veränderungen der Lebensmitte wahr.

Ganz wichtig dabei: Dieses „Neustimmen" des Hormon-Orchesters ist ein **völlig normaler, natürlicher Vorgang!** Es ist keine Krankheit, auch wenn die Umstellung manchmal Beschwerden oder Symptome mit sich bringen kann, die uns herausfordern oder sich vielleicht sogar wie eine Krankheit anfühlen.

Im Zentrum dieser Umstellung stehen vor allem die Geschlechtshormone:

- **Bei Frauen:** Die Hauptdarstellerinnen Östrogen und Progesteron treten nach und nach von der großen Bühne ab. Diese Phase nennen wir Wechseljahre oder Menopause. (Mehr dazu in 2.1)
- **Bei Männern:** Hier ist es vor allem der Hauptakteur Testosteron, der langsam und allmählich leisere Töne anschlägt. Dies geschieht oft schleichender und weniger abrupt als bei Frauen. (Mehr dazu in 2.2)

In den folgenden Abschnitten hören wir genauer hin, wie sich das Orchester bei Frauen und Männern neu zusammensetzt. Denn wenn man die neue Melodie erst einmal kennt und versteht, kann man lernen, mit ihr zu leben, zu tanzen oder zumindest gelassener zuzuhören, ohne gleich bei jedem schrägen Ton in Panik zu verfallen.

2.1 Frauensache: Von Hitzewallungen zu neuen Freiheiten – Die Menopause als Chance begreifen

In unserem großen Hormon-Orchester spielen bei euch Frauen vor allem zwei Instrumente jahrzehntelang die erste Geige: **Östrogen** und **Progesteron**. Sie haben den Takt für den Monatszyklus vorgegeben, Schwangerschaften ermöglicht und ganz nebenbei auch noch Haut, Haare, Knochen, Stimmung und vieles mehr beeinflusst. Wenn diese beiden Hauptakteurinnen nun in der Lebensmitte beschließen, sich langsam von der Bühne zurückzuziehen und ihre Instrumente leiser zu stimmen oder ganz einzupacken, dann nennen wir diese Phase **Wechseljahre** oder **Menopause**.

Was genau sind die Wechseljahre?

Ganz einfach gesagt: Es ist das natürliche Ende der fruchtbaren Jahre einer Frau. Die Eierstöcke drosseln allmählich ihre Hormonproduktion, der Eisprung wird seltener, und schließlich bleibt die monatliche Regelblutung dauerhaft aus. Wichtig: Das ist kein abrupter Lichtschalter-Moment, sondern ein Prozess, der sich meist über mehrere Jahre hinzieht. Diese Übergangszeit *vor* der letzten Periode nennt man **Perimenopause**. Die **Menopause** selbst ist rein technisch gesehen der Zeitpunkt der allerletzten Menstruation (plus 12 Monate ohne Blutung danach). Alles, was danach kommt, ist die **Postmenopause**. Meist findet dieser Übergang irgendwann zwischen Mitte 40 und Mitte 50 statt, aber der Zeitpunkt ist so individuell wie jede Frau selbst.

Warum spürt man das so deutlich?

Weil Östrogen und Progesteron wahre Multitalente waren! Sie haben nicht nur die Fortpflanzung gesteuert, sondern waren auch wichtig für:

- die Elastizität der Haut und Schleimhäute
- die Knochenstärke
- die Regulierung von Körpertemperatur und Schlaf
- die Stimmung und das seelische Gleichgewicht
- das Herz-Kreislauf-System
- und sogar für Konzentration und Gedächtnis.

Wenn die Pegel dieser Hormone sinken, ist es also kein Wunder, dass der Körper darauf reagiert – mal mehr, mal weniger stark.

Die "Hitparade" der Wechseljahrsbeschwerden (oft lästig, aber meist normal):

Ja, reden wir Klartext. Die Wechseljahre können einige unliebsame Begleiter mitbringen. Aber hey, du bist damit nicht allein!

- **Hitzewallungen & Nachtschweiß:** Der absolute Klassiker! Aus heiterem Himmel überrollt dich eine Hitzewelle, dein Gesicht wird rot, Schweiß bricht aus – deine ganz persönliche, eingebaute Sauna. Besonders nachts kann das extrem nerven und den Schlaf rauben ("Hallo, durchgeschwitztes Nachthemd!").
- **Schlafstörungen:** Auch unabhängig von nächtlichen Schweißattacken schlafen viele Frauen schlechter ein, wachen häufiger auf oder fühlen sich morgens wie

gerädert. Die Hormonumstellung kann den Schlafrhythmus durcheinanderbringen.

- **Stimmungs-Achterbahn:** Fühlst du dich manchmal wie ein Teenager kurz vor der Mathearbeit? Reizbar, nervös, ängstlich, traurig ohne ersichtlichen Grund? Auch das können die Hormone sein, die deine Gefühlswelt ordentlich durchschütteln.
- **Zyklus-Chaos:** Bevor die Periode ganz verschwindet, tanzt sie oft Tango: Mal kommt sie früher, mal später, mal stärker, mal nur als Schmierblutung. Diese Unregelmäßigkeit kann ganz schön nerven.
- **Veränderungen im Intimbereich:** Ein wichtiges, aber oft tabuisiertes Thema. Durch den Östrogenmangel kann die Vaginalschleimhaut trockener und dünner werden. Das kann zu Juckreiz, Brennen, Schmerzen beim Sex oder häufigeren Blasenentzündungen führen. Wichtig: Sprich darüber mit deiner Ärztin/deinem Arzt – es gibt gute Behandlungsmöglichkeiten!
- **Und sonst so?** Vielleicht bemerkst du auch Müdigkeit, Konzentrationsschwierigkeiten ("Brain Fog" oder "Still-Demenz"), Gelenkschmerzen, trockene Haut, dünner werdendes Haar oder dass sich Fettpölsterchen hartnäckiger am Bauch festsetzen. Die Liste ist lang, aber zum Glück trifft nicht jede Frau jedes Symptom!

ABER HALT! Das ist nur die eine Seite! Wechseljahre = Neue Freiheiten!

Bei all den möglichen Beschwerden geht oft unter, dass diese Lebensphase auch eine riesige **Chance** und **Befreiung** sein kann:

- **Endlich frei!** Keine Periode mehr bedeutet: Keine Tampons, Binden oder Menstruationstassen kaufen. Keine monatlichen Krämpfe. Keine Angst mehr vor ungewollter Schwangerschaft (wichtig: Verhütung erst nach ärztlicher Bestätigung der Menopause absetzen!). Für viele Frauen ist das allein schon ein unschätzbarer Gewinn an Lebensqualität!
- **Zeit für dich:** Oft geht diese Phase Hand in Hand mit anderen Lebensveränderungen (Kinder werden selbstständiger, beruflicher Wandel). Plötzlich ist da wieder mehr Raum und Zeit für deine eigenen Bedürfnisse, Hobbys, Freundschaften, Partnerschaft oder ganz neue Projekte.
- **Selbstfindung 2.0:** Es ist eine Zeit, um Bilanz zu ziehen. Was will ich wirklich? Was tut mir gut? Viele Frauen entdecken sich selbst neu, entwickeln mehr Selbstbewusstsein und setzen klarere Prioritäten.
- **"Postmenopausal Zest":** Klingt komisch, gibt's aber! Manche Frauen berichten, dass sie sich *nachdem* die hormonelle Achterbahnfahrt vorbei ist, energiegeladener, klarer und zufriedener fühlen als je zuvor.

Wichtig: Es ist nicht bei allen gleich!

Jede Frau erlebt die Wechseljahre anders. Manche segeln fast unbemerkt hindurch, andere haben stark mit Symptomen zu kämpfen. Dauer, Intensität, Art der Beschwerden – all das ist individuell. Vergleiche dich nicht ständig mit anderen!

Du bist nicht machtlos!

Das Allerwichtigste: Du bist den Veränderungen nicht hilflos ausgeliefert. Wissen ist der erste Schritt (dafür liest du ja gerade). Und es gibt viele Wege, um gut durch diese Zeit zu kommen – von Änderungen im Lebensstil über pflanzliche Mittel bis hin zu ärztlich verordneten Therapien (dazu kommen wir in späteren Kapiteln noch).

Ja, die Wechseljahre können eine Herausforderung sein. Aber sie sind ein **natürlicher Übergang** und eine echte Chance, eine neue, oft freiere und selbstbestimmtere Phase deines Lebens zu beginnen. Sieh es nicht als Ende, sondern als einen Wendepunkt mit vielen neuen Wegen!

2.2 Männersache: Wenn das Testosteron etwas leiser wird – Veränderungen verstehen und annehmen

Die Frage kommt oft auf: Gibt es die Wechseljahre eigentlich auch für Männer? Man hört ja manchmal Begriffe wie „Andropause" oder „männliches Klimakterium". Nun ja, ganz so einfach ist es nicht. Es gibt bei euch keinen so klaren Schlusspunkt wie die Menopause bei Frauen, bei der die Hormonproduktion relativ abrupt endet. Aber: Ja, auch bei Männern verändert sich das Hormon-Orchester mit den Jahren, nur meist viel **langsamer, schleichender und individueller.**

Der Hauptakteur: Testosteron

Im Mittelpunkt steht dabei das Hormon **Testosteron.** Es ist quasi der Bariton im Männer-Chor – verantwortlich für Muskelaufbau, Knochenstärke, Bartwuchs, die tiefe Stimme, aber auch für Energie, Antrieb, Stimmung und die Libido (sexuelles Verlangen). Ab etwa dem 30. bis 40. Lebensjahr beginnt der Testosteronspiegel bei den meisten Männern ganz **natürlich und langsam** zu sinken – wir reden hier von etwa 1-2% pro Jahr. Das ist erstmal ein völlig normaler Teil des Älterwerdens und über lange Zeit oft kaum spürbar.

Mögliche Folgen des "leiseren" Testosterons (aber Achtung: Nicht alles ist Testosteron!)

Wenn der Testosteronspiegel über Jahre hinweg sinkt, *kann* sich das bemerkbar machen. Betonung liegt auf **kann**, denn nicht jeder Mann erlebt deutliche Symptome, und viele der folgenden Veränderungen können auch ganz andere Ursachen haben!

- **Körperliche Veränderungen:**
  - **Muskeln & Fett:** Es fällt vielleicht schwerer, Muskelmasse aufzubauen oder zu halten, selbst bei regelmäßigem Training. Gleichzeitig nisten sich Fettpölsterchen, besonders am Bauch („der Wohlstands- oder Altersbauch"), leichter ein.
  - **Knochen:** Auch Männer können im Alter an Knochendichte verlieren (Osteoporose), das Risiko steigt bei niedrigem Testosteron.
  - **Energie & Leistung:** Eine allgemeine Müdigkeit, weniger „Drive" oder das Gefühl, nicht mehr so leistungsfähig zu sein wie früher, kann auftreten.
  - **Haare:** Haarausfall ist oft genetisch bedingt, kann aber durch hormonelle Veränderungen beeinflusst werden.
- **Stimmung & Psyche:**
  - Manche Männer berichten von **Antriebslosigkeit**, einer kürzeren Zündschnur (**Reizbarkeit**) oder **depressiven Verstimmungen**.

- Auch **Konzentrationsprobleme** oder **Schlafstörungen** können mit hormonellen Veränderungen zusammenhängen.
- **Sexuelle Veränderungen:**
  - Die **Lust auf Sex (Libido)** kann nachlassen.
  - **Erektionsstörungen** (Probleme, eine Erektion zu bekommen oder zu halten) können häufiger auftreten. **Ganz wichtig hier:** Erektionsstörungen haben sehr oft andere oder zusätzliche Ursachen als nur Testosteronmangel! Dazu gehören Durchblutungsstörungen (oft ein frühes Warnzeichen für Herz-Kreislauf-Erkrankungen!), Nervenschäden (z.B. bei Diabetes), Stress, psychische Belastungen oder Nebenwirkungen von Medikamenten. Schieb es also nicht vorschnell allein auf die Hormone!

Verstehen und Annehmen – Der Weg zur Gelassenheit

Okay, das klingt jetzt vielleicht erstmal nicht so prickelnd. Aber hier kommt die gute Nachricht:

- **Wissen ist der erste Schritt:** Allein zu verstehen, dass diese Veränderungen Teil eines normalen Prozesses sein *können* und nicht unbedingt ein Zeichen von Krankheit oder persönlichem Versagen sind, nimmt oft schon Druck raus. Du bist damit nicht allein!
- **Es bedeutet nicht das Ende der Fahnenstange!** Ein allmählich sinkender Testosteronspiegel heißt nicht, dass du zum alten Eisen gehörst. Vitalität, Fitness, Lebensfreude und auch ein erfülltes Liebesleben sind weiterhin absolut möglich! Es geht darum, die Veränderungen zu verstehen und vielleicht an der einen oder anderen Stelle gegenzusteuern.
- **Du hast vieles selbst in der Hand:** Dein Lebensstil hat einen enormen Einfluss!
    - **Bewegung:** Regelmäßiger Sport, insbesondere Krafttraining, kann helfen, Muskelmasse zu erhalten und den Testosteronspiegel positiv zu beeinflussen.
    - **Ernährung:** Eine ausgewogene Ernährung ist Gold wert.
    - **Gewicht:** Übergewicht, vor allem Bauchfett, kann den Testosteronspiegel senken.
    - **Schlaf & Stress:** Ausreichend Schlaf und ein guter Umgang mit Stress sind ebenfalls wichtig.
- **Hol dir Rat, wenn's zwickt:** Wenn dich bestimmte Symptome stark belasten (z.B. anhaltende Müdigkeit,

Potenzprobleme, depressive Stimmung), dann sprich offen mit deinem Arzt oder deiner Ärztin darüber! Das ist kein Zeichen von Schwäche, sondern klug und verantwortungsbewusst. Man kann deinen Testosteronspiegel messen und – viel wichtiger – andere mögliche Ursachen für deine Beschwerden abklären. Nur wenn ein echter Mangel vorliegt UND dieser die Beschwerden verursacht, wird der Arzt eine Behandlung in Erwägung ziehen.

Individuell und vielfältig:

Nochmal: Jeder Mann ist anders. Der Testosteronspiegel sinkt nicht bei allen gleich schnell oder gleich stark. Und viele Männer bemerken kaum etwas davon. Schieb nicht vorschnell alles auf die Hormone, sondern lass gesundheitliche Probleme immer ärztlich abklären.

Ja, liebe Männer, auch euer Hormon-Orchester stimmt sich in der Lebensmitte neu – meist leiser, langsamer und subtiler als bei den Frauen. Der Schlüssel liegt darin, diese natürlichen Veränderungen zu **verstehen**, ohne in Panik zu geraten, sie als Teil des Lebens **anzunehmen** und gleichzeitig **aktiv** zu bleiben: durch einen gesunden Lebensstil und die Bereitschaft, bei Bedarf ärztlichen Rat zu suchen. So könnt ihr auch diese Lebensphase bewusst und positiv gestalten!

3. Kapitel: Body-Update 5.0: Was sich jetzt alles tut (und meist ganz normal ist)

Nachdem wir im letzten Kapitel die spannende Welt der Hormone und ihre Neuordnung in der Lebensmitte erkundet haben, wenden wir uns nun dem großen Ganzen zu: deinem Körper. Denn es sind ja nicht nur die inneren Botenstoffe, die sich verändern. Man könnte sagen, dein gesamter Organismus bekommt über die Jahre hinweg – und besonders spürbar oft in der Lebensmitte – ein umfassendes Update spendiert. Willkommen also zur Version **Body-Update 5.0**!

Wie bei jedem guten Software-Update gibt es auch hier neue Funktionen, veränderte Einstellungen und vielleicht auch die eine oder andere kleine Eigenheit, an die man sich erst gewöhnen muss oder die vielleicht sogar ein bisschen nervt. Dieses Update betrifft uns alle, Männer wie Frauen, und läuft oft Hand in Hand mit den hormonellen Veränderungen, wird aber auch durch den ganz normalen Alterungsprozess und unseren Lebensstil beeinflusst. Dein Körper ist eben keine Maschine mit ewigem TÜV, sondern ein lebendiges Wunderwerk, das sich über die Zeit hinweg anpasst und wandelt.

In diesem Kapitel werfen wir einen Blick auf die „Patch Notes" – also die Beschreibung dessen, was bei diesem Body-Update 5.0 so alles neu oder anders ist. Wir schauen uns wichtige „Systemkomponenten" genauer an:

- **Der Stoffwechsel:** Warum fühlt es sich an, als würde er im Standgas laufen?

- **Der Schlaf:** Wieso begrüßt uns die Wachheit manchmal mitten in der Nacht?
- **Der Bewegungsapparat:** Woher kommen die morgendliche Steifigkeit oder das Knacken im Gebälk?
- **Das Herz-Kreislauf-System:** Wie halten wir unseren inneren Motor fit?
- **Haut, Haare und Sinne:** Was verändert sich an unserer „Außenhülle" und Wahrnehmung?

Das Allerwichtigste vorweg, wie der Titel schon verspricht: Vieles von dem, was du jetzt vielleicht an dir bemerkst, ist **meistens völlig normal**! Es gehört zum Älterwerden einfach dazu, genauso wie die Tatsache, dass man keine 20 mehr ist (was ja, wie wir schon festgestellt haben, auch seine Vorteile hat!). Dieses Wissen kann unglaublich beruhigend sein und hilft dabei, nicht bei jeder kleinen Veränderung gleich in Alarmbereitschaft zu verfallen.

Ziel dieses Kapitels ist es, dir ein besseres Gefühl dafür zu geben, was in deinem Körper typischerweise vor sich geht. Wenn du die „neue Software" deines Körpers besser verstehst, kannst du Veränderungen entspannter einordnen, gelassener damit umgehen und an den richtigen Stellen aktiv werden, um dein Wohlbefinden zu fördern und fit zu bleiben.

Also, schnall dich an und sei neugierig! Lass uns gemeinsam erkunden, welche spannenden (und manchmal auch herausfordernden) Features das Body-Update 5.0 für dich bereithält. Es geht darum, deinen Körper in seiner aktuellen Version gut kennenzulernen, dich mit ihm zu arrangieren und vielleicht sogar neu anzufreunden.

Der Stoffwechsel schaltet einen Gang runter: Tipps für Genuss ohne Reue

Okay, Hand aufs Herz: Merkst du auch, dass die Lieblingsjeans von früher irgendwie enger sitzt, obwohl du gefühlt gar nicht mehr sündigst als damals? Oder dass sich kleine Pölsterchen hartnäckiger halten? Damit bist du nicht allein – das ist ein echter Klassiker des „Body-Updates 5.0". Es ist tatsächlich so, dass unser Stoffwechsel mit den Jahren oft ein bisschen auf die Bremse tritt.

Warum ist das so? Kurz und knapp:

Dein Körper wird im Grunde etwas „effizienter" oder „sparsamer". Er braucht für die gleiche Leistung im Ruhezustand etwas weniger Energie (Kalorien) als früher. Gleichzeitig verändert sich oft das Verhältnis von Muskeln (die viel Energie verbrennen) zu Fettgewebe (das weniger verbraucht). Bleibt die Energiezufuhr durch Essen und Trinken gleich, während der Verbrauch sinkt, speichert der Körper den Überschuss. Logisch, aber manchmal eben doch lästig.

Was tun? Auf Genuss verzichten? Auf keinen Fall!

Hier geht es **nicht** darum, dir jetzt jeden Spaß am Essen zu verderben oder dich zum Kalorienzählen zu verdonnern! Das Motto heißt „Genuss ohne Reue", und das meinen wir auch so. Es geht darum, ein paar Stellschrauben zu kennen, an denen du **ganz entspannt** drehen kannst, um eine gute Balance zu finden – eine, die zu *dir* und deinem Leben passt:

- **1. Bewegung: Mehr Freude als Pflicht!**

  - **Finde, was dir Spaß macht:** Ob das der Spaziergang mit dem Hund ist, eine Runde Radfahren, Tanzen, Schwimmen oder im Garten werkeln – jede Bewegung ist besser als keine! Es geht darum, aktiv zu bleiben, weil es guttut, nicht weil man „muss".
  - **Muskeln – die unterschätzten Helfer:** Ein bisschen was für die Muskeln zu tun, ist clever, denn sie helfen, den Grundumsatz oben zu halten. Das muss kein Bodybuilding sein! Ein paar Übungen zuhause, Treppensteigen, Kistenschleppen – das alles zählt. Hauptsache, die Muskeln werden ab und zu mal gefordert.
  - **Alltag nutzen:** Kleine Wege zu Fuß, mal das Auto stehen lassen – oft sind es die kleinen Dinge, die in Summe einen Unterschied machen, ohne dass es sich nach Sportprogramm anfühlt.

- **2. Essen: Bewusst genießen statt streng verzichten!**
  - **Das Allerwichtigste: Essen soll schmecken und Freude machen!** Punkt. Das Sonntagsessen, das Bierchen mit Freunden, Omas Apfelkuchen – all das gehört zum Leben und soll es auch weiterhin! Es geht nicht darum, dir Lebensqualität zu nehmen.
  - **Hör auf deinen Bauch (im wahrsten Sinne):** Oft hilft es schon, wieder besser auf die Signale des eigenen Körpers zu hören. Habe ich wirklich Hunger oder nur Appetit? Wann bin ich angenehm satt (nicht pappsatt)? Langsamer essen und genießen kann dabei helfen.
  - **Kleine Justierungen statt Radikalkur:** Vielleicht merkst du, dass dir eine etwas kleinere Portion Pommes als früher reicht? Oder du isst den Salat *vor* dem Hauptgang, um schon etwas gesättigt zu sein? Vielleicht entdeckst du, dass dich eiweißreiche Speisen (Fleisch, Fisch, Quark, Eier, Hülsenfrüchte) oder ballaststoffreiche Kost (Vollkorn, Gemüse) länger zufrieden machen und du dadurch automatisch weniger zwischendurch isst? Probier einfach aus, was sich für dich gut anfühlt, ohne dich zu kasteien.
  - **Balance ist das Zauberwort:** Es geht nicht um „erlaubt" oder „verboten". Es geht darum, eine gute Mischung zu finden. Wenn du heute üppiger gegessen hast, isst du morgen vielleicht etwas leichter. Wenn du dich wenig bewegt hast,

achtest du vielleicht etwas mehr auf die Portionsgröße. Ganz entspannt und ohne schlechtes Gewissen.

- **Trinken nicht vergessen:** Wasser ist ein super Durstlöscher. Bei süßen Getränken oder Alkohol einfach im Hinterkopf behalten, dass sie auch Kalorien liefern – aber auch hier gilt: Ein Glas Wein oder Bier in Ehren… du weißt schon.
- **3. Entspannt bleiben:** Stress und Schlafmangel können tatsächlich Heißhunger auslösen. Also ist auch hier gut für sich zu sorgen ein Pluspunkt – für die Figur und vor allem für die Nerven!

Dein Stoffwechsel mag sich verändern, aber das ist kein Grund, auf Genuss zu verzichten oder in strenge Regeln zu verfallen. Der Schlüssel liegt darin, deinen Körper wahrzunehmen, achtsam zu sein und **kleine, individuelle Anpassungen** zu finden, die dir guttun und sich leicht in dein Leben integrieren lassen. Es geht um **Balance, Wohlbefinden und Lebensfreude** – nicht um Askese! Finde deinen persönlichen Weg, der sich gut anfühlt.

Energielevel & Schlaf: Neue Rhythmen finden

Kommt dir das bekannt vor? Früher warst du vielleicht bis Mitternacht topfit und morgens um sechs wieder auf der Matte, aber heute fühlst du dich nachmittags oft wie ein ausgelaugter Waschlappen? Oder die Nächte sind plötzlich unruhiger geworden – das Einschlafen dauert länger, du wachst öfter auf oder liegst morgens viel zu früh wach und grübelst?
Keine Sorge, auch das gehört oft zum Paket des „Body-Updates 5.0". Sowohl unser gefühltes Energielevel als auch unsere Schlafmuster können sich in der Lebensmitte spürbar verändern.

Was passiert da oft?

- **Beim Energielevel:** Man fühlt sich vielleicht schneller müde, braucht länger, um sich von Anstrengungen zu erholen, oder kämpft mit Konzentrationslöchern und dem berühmten „Nachmittagstief". Der Akku scheint einfach nicht mehr ganz so lange zu halten wie früher.
- **Beim Schlaf:** Die Nächte können fragmentierter werden. Einschlafprobleme, häufiges Aufwachen (manchmal auch für den Toilettengang oder bei Frauen durch Hitzewallungen), zu frühes Erwachen oder das Gefühl, morgens nicht richtig erholt zu sein, obwohl man lange genug im Bett lag – all das sind typische Phänomene.

Warum ist das so? Ein bunter Mix an Gründen:

Selten ist nur ein Faktor verantwortlich. Meistens ist es eine Kombination aus verschiedenen Dingen:

- **Die lieben Hormone:** Ja, auch hier haben sie ihre Finger im Spiel. Veränderungen bei Östrogen, Progesteron, Testosteron, aber auch bei Schilddrüsenhormonen oder dem Stresshormon Cortisol können Energie und Schlaf beeinflussen.
- **Die innere Uhr:** Unsere biologische Uhr, die den Schlaf-Wach-Rhythmus steuert, kann sich mit den Jahren leicht verstellen.
- **Stress und Lebensumstände:** Die Lebensmitte ist oft vollgepackt – Anforderungen im Job, Verantwortung für die Familie, vielleicht Sorgen um alternde Eltern oder die eigene Zukunft. Chronischer Stress ist Gift für guten Schlaf und raubt Energie.
- **Gewohnheiten:** Spätes, schweres Essen, zu viel Kaffee oder Alkohol am Abend, mangelnde Bewegung, aber auch zu viel Bildschirmzeit vor dem Schlafengehen können den Schlaf empfindlich stören.
- **Mögliche Gesundheitsaspekte: Ganz wichtig:** Anhaltende, starke Müdigkeit oder massive Schlafprobleme solltest du **immer ärztlich abklären lassen!** Dahinter können sich auch behandelbare Ursachen wie eine Schlafapnoe (Atemaussetzer im Schlaf), das Restless-Legs-Syndrom, eine Schilddrüsenunterfunktion, Eisenmangel, Depressionen oder andere Erkrankungen verbergen.

Neue Rhythmen finden – Dein Weg zu mehr Wohlbefinden:

Es geht nicht darum, krampfhaft zu versuchen, wieder zu schlafen oder so energiegeladen zu sein wie mit 20. Sondern darum, einen Rhythmus und Gewohnheiten zu finden, die **jetzt** zu dir passen und dir guttun. Hier ein paar Ideen und Anregungen – pick dir raus, was für dich passt:

- **Gönn dir gute Nächte – Kleine Rituale, große Wirkung:**
  - **Regelmäßigkeit:** Dein Körper liebt Routine. Versuche, möglichst zur gleichen Zeit ins Bett zu gehen und aufzustehen – auch am Wochenende zumindest grob den Rhythmus beibehalten.
  - **Abendausklang:** Schalte bewusst einen Gang runter. Vermeide aufwühlende Tätigkeiten (ja, auch hitzige politische Debatten am Handy!) kurz vor dem Schlafen. Lies lieber ein Buch, höre entspannte Musik, nimm ein warmes Bad. Dimme das Licht. Und ja, das Handy oder Tablet vielleicht mal eine Stunde früher weglegen kann Wunder wirken (Stichwort: blaues Licht).
  - **Wohlfühl-Schlafzimmer:** Sorge für eine dunkle, ruhige und eher kühle Umgebung.

- **Energie clever managen – Kleine Tricks für den Tag:**
  - **Tageslicht:** Geh raus ans Licht, besonders am Vormittag! Das ist der beste Taktgeber für deine innere Uhr.
  - **Bewegung:** Regelmäßige Aktivität ist super für Energie und Schlaf. Aber vermeide intensive Sporteinheiten direkt vor dem Zubettgehen. Ein gemütlicher Abendspaziergang kann hingegen schlaffördernd sein.
  - **Pausen:** Plane bewusst kurze Erholungspausen im Alltag ein, statt durchzuarbeiten, bis der Akku komplett leer ist.
  - **Essen & Trinken:** Achte auf ausgewogene Mahlzeiten, um Energiehochs und -tiefs durch Blutzuckerschwankungen zu vermeiden. Trinke ausreichend Wasser.
  - **Mittagsschlaf?** Für manche ein Segen, für andere kontraproduktiv. Wenn du es probierst: kurz halten (15-20 Minuten) und nicht zu spät am Tag.
- **Stress lass nach:**

  - Finde deine persönliche Methode, um Stress abzubauen: Ob das Spaziergänge sind, Musik hören, Gartenarbeit, Yoga, Meditation oder einfach mal bewusst „Nein" sagen, wenn dir alles zu viel wird.

- **Akzeptanz und Anpassung:**
  - Manchmal hilft es auch, freundlich zu akzeptieren, dass sich die Bedürfnisse ändern. Vielleicht brauchst du jetzt mehr Schlaf als früher, oder eben eine feste Mittagspause. Es geht darum, einen **neuen, passenden** Rhythmus zu finden, nicht darum, gegen den eigenen Körper zu kämpfen.

Veränderungen bei Energie und Schlaf in der Lebensmitte sind häufig und oft normal. Statt dich darüber zu ärgern, versuche, neugierig herauszufinden, was dein Körper jetzt braucht. Experimentiere mit kleinen Anpassungen deiner Gewohnheiten, höre auf deine Signale und sei gut zu dir. Und ganz wichtig: Bei anhaltenden oder stark belastenden Problemen ist der Gang zum Arzt oder zur Ärztin immer der richtige Schritt, um ernsthafte Ursachen auszuschließen und gezielte Hilfe zu bekommen. Es geht darum, deinen Alltag so zu gestalten, dass du dich wohlfühlst – Tag und Nacht.

Bewegungsapparat: Wenn's hier und da mal zwickt und knackt

Wer kennt das nicht? Morgens nach dem Aufwachen fühlt man sich kurz wie eine hundertjährige Eiche, die sich erst mal dehnen und strecken muss, bevor sie in Gang kommt? Oder das Knie meldet sich nach der Gartenarbeit, die Schulter protestiert beim Versuch, das oberste Regal zu erreichen, und beim Treppensteigen gibt's manchmal ein verdächtiges Knacken als Begleitmusik?

Herzlich willkommen in der wunderbaren Welt der „Zipperlein im Fahrgestell" – ein weiteres klassisches Feature unseres Body-Updates 5.0. Unsere Gelenke, Knochen und Muskeln haben uns schon jahrzehntelang treu durchs Leben getragen, da ist es ganz normal, dass sich mit der Zeit ein paar Gebrauchsspuren bemerkbar machen.

Was tut sich da oft an Gelenken, Knochen & Muskeln?

- **Die Gelenke – Unsere Scharniere:**
  - Die **Morgensteifigkeit** oder das Gefühl, nach längerem Sitzen erst mal „warm laufen" zu müssen, ist weit verbreitet.
  - **Gelenkschmerzen** können auftreten, mal nur nach Belastung, mal auch in Ruhe. Knie, Hüfte, Schultern, Wirbelsäule oder auch die Finger sind häufig betroffen. Oft steckt eine **Arthrose** dahinter – das ist ein ganz normaler Verschleiß des Gelenkknorpels, der über die Jahre entsteht. Stell es dir vor wie das Profil eines Autoreifens, das sich abnutzt.
  - **Knacken oder Knirschen** in den Gelenken gehört oft dazu, muss aber nicht immer schmerzhaft sein oder etwas Schlimmes bedeuten.
  - Die **Beweglichkeit** kann insgesamt etwas abnehmen.
- **Die Knochen – Unser Gerüst:**
  - Mit zunehmendem Alter kann die **Knochendichte** abnehmen. Wenn dieser Abbau ein bestimmtes Maß überschreitet, spricht man von **Osteoporose** („Knochenschwund"). Das Tückische daran: Man spürt es meist nicht, bis es zu einem Knochenbruch kommt, oft schon bei geringem Anlass. Wichtig: Osteoporose betrifft Frauen (insbesondere nach der Menopause) und Männer!

- **Die Muskeln – Unser Motor & Stützkorsett:**
  - Wenn wir nicht aktiv gegensteuern, neigen unsere Muskeln dazu, an Masse und Kraft zu verlieren. Das nennt man **Sarkopenie**. Man fühlt sich vielleicht schneller schlapp oder weniger kräftig.
  - **Verspannungen**, besonders im Nacken- und Rückenbereich, sind ebenfalls häufige Begleiter, oft durch einseitige Haltung oder Stress verstärkt.

Warum meldet sich das „Fahrgestell"?

- **Natürlicher Verschleiß:** Jahrzehntelange Belastung hinterlässt Spuren an den Gelenken (Arthrose).
- **Hormonelle Einflüsse:** Der Rückgang von Östrogen bei Frauen beschleunigt den Knochenabbau. Ein sinkender Testosteronspiegel kann den Muskelerhalt bei Männern (und Frauen) erschweren.
- **Lebensstil:** „Wer rastet, der rostet" – Bewegungsmangel ist Gift für Muskeln und Gelenke. Aber auch jahrelange Über- oder Fehlbelastung (z.B. durch schwere körperliche Arbeit, bestimmte Sportarten oder Übergewicht) kann Gelenkverschleiß fördern.
- **Wichtig zu unterscheiden:** Manchmal stecken hinter Gelenkschmerzen auch **entzündliche Erkrankungen** wie Rheuma. Diese äußern sich oft anders (z.B. durch starke Schwellung, Rötung, Überwärmung, länger anhaltende Morgensteifigkeit) und erfordern unbedingt eine ärztliche Diagnose und spezielle Behandlung! **Bei solchen Anzeichen bitte immer zum Arzt!**

Was tun, damit es möglichst geschmeidig bleibt? Tipps für dein „Fahrgestell":

Die gute Nachricht: Du kannst eine Menge tun, um deine Mobilität zu erhalten, Schmerzen zu lindern und dich insgesamt wohler in deiner Haut zu fühlen!

- **1. Bewegung, Bewegung, Bewegung – Das A und O (aber smart!):**
  - **Sanft schmieren bei Arthrose:** Gelenke lieben sanfte, regelmäßige Bewegung ohne starke Stoßbelastung! Ideal sind Schwimmen, Radfahren, Wassergymnastik, Nordic Walking, Tai Chi oder sanftes Yoga. Das fördert die Produktion von Gelenkflüssigkeit („Schmiere") und nährt den Knorpel.
  - **Krafttraining – Der beste Freund deiner Gelenke & Knochen:** Ja, Krafttraining ist auch hier Gold wert! Starke Muskeln stützen und entlasten die Gelenke wie ein Korsett. Zudem ist es unerlässlich im Kampf gegen Knochenschwund und Muskelabbau. Es muss kein Leistungssport sein – finde eine Form, die dir guttut und dich nicht überfordert.
  - **Beweglich bleiben:** Regelmäßiges Dehnen hilft gegen Steifigkeit und erhält den Bewegungsumfang deiner Gelenke.

- **2. Gewicht im Blick behalten:** Jedes Kilo Körpergewicht weniger bedeutet eine erhebliche Entlastung für deine Hüft- und Kniegelenke! (Erinnere dich an Kapitel 3.1 zum Stoffwechsel).

- **3. „Baustoffe" für Knochen und Muskeln zuführen:**

  - **Calcium & Vitamin D:** Die Klassiker für starke Knochen. Achte auf calciumreiche Lebensmittel (Milchprodukte, grünes Gemüse etc.) und Vitamin-D-Bildung (Sonnenlicht – aber mit Maß und Ziel!). Ob eine zusätzliche Einnahme von Vitamin D sinnvoll ist, besprichst du am besten mit deinem Arzt.
  - **Eiweiß:** Wichtig für den Erhalt deiner Muskelmasse.

- **4. Auf deinen Körper hören:**

  - Kenne deine Grenzen und mute dir nicht zu viel zu. Lerne, zwischen einem normalen „Muskelkater" oder Anlaufschmerz und einem echten Warnsignal zu unterscheiden. Gönne dir ausreichend Pausen und Erholung.

- **5. Unterstützung annehmen:**
  - Manchmal helfen kleine Dinge: gut passende Schuhe mit guter Dämpfung, ergonomische Anpassungen am Arbeitsplatz. Bei stärkeren Beschwerden kann eine **Physiotherapie** oft Wunder wirken – sie hilft, Muskeln gezielt zu stärken, die Beweglichkeit zu verbessern und Schmerzen zu lindern. Scheu dich nicht, deinen Arzt danach zu fragen!

Ein bisschen Knacken und Zwicken ist in der Lebensmitte oft normal und kein Grund zur Sorge. Aber es ist auch ein Signal deines Körpers, gut auf ihn zu achten. Mit der richtigen Mischung aus **gelenkschonender Bewegung, gezieltem Muskelaufbau, einer ausgewogenen Ernährung und Achtsamkeit** kannst du viel dazu beitragen, lange mobil, schmerzfreier und unabhängig zu bleiben. Und denk dran: Bei unklaren, starken oder entzündlich wirkenden Schmerzen ist der Gang zur Ärztin oder zum Arzt immer der richtige Weg! Bleib in Bewegung – dein Körper wird es dir danken!

Herz & Kreislauf: Den Motor in Schuss halten

Unser Herz – dieser faustgroße Muskel ist ein echtes Wunderwerk! Unermüdlich pumpt es Blut durch unseren Körper, versorgt jede Zelle mit lebenswichtigem Sauerstoff und Nährstoffen. Damit dieser Motor auch in der zweiten Lebenshälfte zuverlässig schnurrt und uns nicht im Stich lässt, ist es gut, ihm im Rahmen unseres „Body-Updates 5.0" etwas mehr Beachtung zu schenken. Denn auch hier gibt es altersbedingte Veränderungen und Faktoren, auf die wir achten können.

Was verändert sich oft am „Motor" und den „Leitungen"?

- **Die Blutgefäße (Arterien):** Stell dir die Arterien wie flexible Schläuche vor. Mit den Jahren können sie etwas an Elastizität verlieren, werden steifer. Manchmal können sich auch Ablagerungen (aus Fett, Kalk etc. – Stichwort **Arteriosklerose**) an den Innenwänden bilden, die den Durchfluss behindern.

- **Der Blutdruck:** Als Folge der steiferen Gefäße (und anderer Faktoren) steigt der Blutdruck bei vielen Menschen im Alter an. Das Tückische: **Hohen Blutdruck (Hypertonie)** spürt man oft lange Zeit überhaupt nicht! Er ist aber ein großer Risikofaktor für Herzinfarkt und Schlaganfall.

- **Hormonelle Einflüsse:** Bei Frauen bieten die Östrogene bis zur Menopause einen gewissen Schutz für Herz und Gefäße. Dieser Schutz lässt danach allmählich nach, weshalb das Risiko für Herz-Kreislauf-Erkrankungen bei Frauen nach der

Menopause ansteigt und sich dem der Männer angleicht.

- **Risikofaktoren im Gepäck:** Die Lebensmitte ist oft die Zeit, in der sich bestimmte Risikofaktoren für Herz-Kreislauf-Erkrankungen deutlicher zeigen oder neu entwickeln. Dazu gehören:
    - **Erhöhte Blutfettwerte** (z.B. hohes LDL-Cholesterin)
    - **Erhöhter Blutzucker** (Diabetes oder Vorstufen)
    - **Übergewicht**, besonders Bauchfett
    - **Bewegungsmangel**
    - **Rauchen** (ein Hauptrisikofaktor!)
    - **Chronischer Stress**

Warum ist das wichtig? Weil du viel tun kannst!

Diese Veränderungen und Risikofaktoren können das Risiko für ernsthafte Ereignisse wie **Herzinfarkt** oder **Schlaganfall** erhöhen. Aber – und das ist die wichtige Botschaft – das ist kein unabwendbares Schicksal! Es soll dich nicht beunruhigen, sondern motivieren, denn du hast es zu einem großen Teil selbst in der Hand, deinen „Motor" gut zu pflegen.

Den Motor in Schuss halten – Deine „Inspektions- und Pflegetipps":

- **1. Regelmäßige Inspektion – Wissen, wie's läuft!**
  - **Blutdruck kennen:** Lass deinen Blutdruck regelmäßig kontrollieren – beim Arzt, in der Apotheke oder miss selbst zuhause, wenn du ein Gerät hast. Werte unter 140/90 mmHg sind das Ziel, idealerweise noch niedriger. Sprich mit deinem Arzt über deine persönlichen Zielwerte.
  - **Werte checken lassen:** Nutze die Gesundheits-Check-ups (in Deutschland ab 35 Jahren meist alle 3 Jahre von der Krankenkasse bezahlt). Dabei werden in der Regel auch Blutfettwerte und Blutzucker überprüft. Sprich die Ergebnisse und dein persönliches Risiko mit deinem Arzt.
- **2. Bewegung – Balsam für Herz und Gefäße:**
  - **Ausdauer stärkt den Motor:** Regelmäßige moderate Bewegung wie flottes Gehen, Wandern, Radfahren, Schwimmen oder Tanzen trainiert den Herzmuskel, hält die Gefäße elastisch und kann helfen, Blutdruck und Blutfettwerte zu senken. Versuche, an den meisten Tagen mindestens 30 Minuten aktiv zu sein.
  - **Krafttraining als Unterstützung:** Auch Krafttraining ist sinnvoll, da es die allgemeine Stoffwechselgesundheit verbessert und beim Gewichtsmanagement hilft – beides entlastet das Herz-Kreislauf-System.

- **3. Herzfreundlich essen – Genuss mit Köpfchen:**
  - **Mediterrane Küche als Vorbild:** Viel Gemüse, Obst, Salat, Hülsenfrüchte, Vollkornprodukte, Nüsse und gute pflanzliche Öle (wie Oliven- oder Rapsöl). Regelmäßig Fisch (besonders fettreicher wie Lachs, Makrele, Hering wegen der Omega-3-Fettsäuren).
  - **Salz mit Maß und Ziel:** Zu viel Salz kann den Blutdruck treiben. Würze lieber kreativ mit Kräutern und Gewürzen.
  - **Gute Fette bevorzugen:** Pflanzliche Fette und Fischfette sind super. Reduziere eher gesättigte Fette aus fettem Fleisch, Wurst, Butter und fettreichen Milchprodukten sowie Transfette (oft in Fertigprodukten, Frittiertem).
  - **Zucker reduzieren:** Vor allem zugesetzten Zucker in Süßigkeiten, Gebäck, gesüßten Getränken.
- **4. Rauchfrei leben – Das beste Geschenk für dein Herz:**
  - Falls du rauchst: Jeder Zeitpunkt ist der richtige, um aufzuhören! Das Risiko für Herz-Kreislauf-Erkrankungen sinkt rapide. Es gibt viele Unterstützungsangebote. Sprich deinen Arzt darauf an.

- **5. Stress abbauen – Entlastung für den Motor:**
  - Chronischer Stress schlägt aufs Herz. Finde deine persönlichen Strategien zum Abschalten und Entspannen – ob das Bewegung ist, ein Hobby, Entspannungstechniken oder Zeit mit lieben Menschen.
- **6. Alkohol? Wenn, dann in Maßen:**
  - Gegen ein Glas Wein oder Bier ab und zu ist meist nichts einzuwenden, aber übermäßiger Alkoholkonsum schadet dem Herzen.

Frühes Handeln zahlt sich aus:

Viele Risikofaktoren kannst du durch einen gesunden Lebensstil positiv beeinflussen. Manchmal sind jedoch zusätzlich Medikamente nötig (z.B. um den Blutdruck oder das Cholesterin zu senken), um das Risiko wirksam zu reduzieren. Das ist keine Niederlage, sondern eine sinnvolle Maßnahme, die dein Arzt oder deine Ärztin mit dir bespricht. Wichtig ist, Bescheid zu wissen und aktiv zu werden!

Dein Herz-Kreislauf-System verdient deine Aufmerksamkeit – es ist schließlich dein Lebensmotor! Mit regelmäßigen Checks beim Arzt und einem herzfreundlichen Lebensstil kannst du entscheidend dazu beitragen, dass dieser Motor noch lange kraftvoll und zuverlässig läuft. Kleine, beständige Änderungen im Alltag haben oft eine große Wirkung für deine Gesundheit und deine Lebensqualität. Pass gut auf dein Herz auf!

Haut, Haare, Sinne: Sichtbare und spürbare Veränderungen gelassen nehmen

Nachdem wir uns die inneren Systeme unseres „Body-Updates 5.0" angeschaut haben, kommen wir nun zu dem, was wir oft direkt im Spiegel sehen oder im Alltag spüren: die Veränderungen an Haut, Haaren und unseren Sinnesorganen. Das sind oft die Dinge, die uns das Älterwerden am deutlichsten vor Augen führen. Aber auch hier gilt: Keine Panik, vieles ist normal und mit der richtigen Einstellung und Pflege gut zu handhaben.

Was tut sich da oft an Haut, Haaren und Sinnen?

- **Die Haut – Unser größtes Organ erzählt Geschichten:**
  - **Trockenheit:** Die Haut produziert weniger Fett und Feuchtigkeit, sie kann spannen, jucken oder schuppig werden.
  - **Falten & Elastizitätsverlust:** Die Produktion von Kollagen und Elastin (die „Gummibänder" der Haut) lässt nach. Die Haut wird weniger prall, Fältchen (besonders um Augen, Mund, Stirn) werden tiefer, die Schwerkraft scheint etwas mehr zu ziehen. Hallo, Lebenserfahrung im Gesicht!
  - **Pigmentflecken:** Sogenannte „Altersflecken" (gutartige Pigmentansammlungen) können vor allem an Stellen auftreten, die viel Sonne abbekommen haben (Hände, Gesicht, Unterarme).

- **Dünner & empfindlicher:** Die Haut kann etwas an Dicke verlieren und dadurch verletzlicher werden (blaue Flecken entstehen leichter).
- **Die Haare – Silbersträhnen und neue Landschaften:**
  - **Ergrauen:** Der Klassiker! Die Zellen, die den Farbstoff Melanin produzieren, werden weniger. Bei manchen beginnt das früh, bei anderen später. Kann übrigens sehr attraktiv und interessant aussehen!
  - **Dünneres Haar / Haarausfall:** Die Haare können insgesamt weniger dicht werden, bei Männern zeigen sich oft die typischen Geheimratsecken oder eine Glatze, bei Frauen wird das Haar meist eher diffus lichter. Hormonelle Veränderungen spielen hier oft eine Rolle.
  - **Strukturveränderung:** Die Haare können sich trockener, spröder oder auch widerspenstiger anfühlen.
  - **Überraschungswuchs:** Manchmal tauchen Haare plötzlich an Stellen auf, wo man sie lieber nicht hätte (Ohren, Nase bei Männern; Kinn oder Oberlippe bei Frauen). Der Körper hat manchmal einen seltsamen Humor…

- **Die Sinne – Unsere Fenster zur Welt justieren sich neu:**
    - **Augen:** Die **Alterssichtigkeit (Presbyopie)** erwischt fast jeden. Das Kleingedruckte wird unscharf, die Arme beim Lesen immer länger. Grund ist die nachlassende Elastizität der Augenlinse. Auch **trockene Augen** sind häufig. Das Sehen bei Dämmerung oder Nacht kann schwieriger werden. **Wichtig:** Das Risiko für Augenerkrankungen wie Grauer Star, Grüner Star oder Makuladegeneration steigt. Regelmäßige Besuche beim Augenarzt sind daher unerlässlich!
    - **Ohren:** Das Gehör kann schleichend nachlassen (**Altersschwerhörigkeit**). Oft bemerkt man zuerst, dass man in lauter Umgebung Gesprächen schlechter folgen kann oder hohe Töne nicht mehr so gut wahrnimmt.
    - **Geschmack & Geruch:** Auch diese Sinne können leicht an Intensität verlieren, was aber meist weniger gravierend ist.

Warum passiert das?

Es ist ein Mix aus natürlichen Alterungsprozessen (Zellerneuerung verlangsamt sich, Produktion wichtiger Stoffe wie Kollagen nimmt ab), hormonellen Veränderungen, Umwelteinflüssen (Sonneneinstrahlung ist der Hauptfaktor für Hautalterung! Lärm schadet dem Gehör) und unserer individuellen genetischen Veranlagung.

Wie gehen wir am besten damit um? Gelassenheit und gute Pflege:

- **Für Haut & Haare:**
    - **Akzeptanz mit einem Lächeln:** Versuche, die Veränderungen als Teil deines Lebensweges zu sehen. Lachfalten zeigen ein gelebtes Leben! Konzentriere dich auf eine gesunde Ausstrahlung statt auf ein krampfhaft jugendliches Aussehen.
    - **Gute Pflege:** Deine Haut freut sich jetzt besonders über **Feuchtigkeit** (reichhaltige Cremes). Und **Sonnenschutz** ist das A und O – jeden Tag, nicht nur im Urlaub! Das ist die beste Anti-Aging-Maßnahme überhaupt. Für die Haare milde Pflegeprodukte verwenden.
    - **Kleine Tricks (wenn du möchtest):** Ob du graue Haare färbst, Make-up nutzt oder unerwünschte Härchen entfernst – tu, was dir guttut und womit du dich wohlfühlst. Es ist deine Entscheidung, kein Zwang!

- **Für die Sinne – Funktion ist entscheidend!**
    - **Augen: Durchblick behalten!** Geh regelmäßig zur Kontrolle beim **Augenarzt**! Eine passende (Lese-)Brille oder Gleitsichtbrille ist keine Schande, sondern eine riesige Erleichterung im Alltag und steigert die Lebensqualität enorm. Bei trockenen Augen helfen Augentropfen. Eine gute Sonnenbrille schützt die Augen draußen.
    - **Ohren: Nicht vom Leben abschotten!** Wenn du oder deine Liebsten merken, dass du schlechter hörst, mach einen **Hörtest**. Moderne Hörgeräte sind kleine technische Wunderwerke und können dir helfen, Gespräche wieder mühelos zu verfolgen und aktiv am sozialen Leben teilzunehmen. Sie sind ein Zeichen von Selbstfürsorge, kein Grund, sich zu schämen! Schütze dein Gehör weiterhin vor übermäßigem Lärm.

Ja, unser äußeres Erscheinungsbild und unsere Sinneswahrnehmungen verändern sich mit den Jahren. Das ist ganz normal. Während wir bei Augen und Ohren vor allem darauf achten sollten, ihre Funktion so gut wie möglich zu erhalten (denn das ist wichtig für Sicherheit und Lebensqualität!), können wir den äußerlichen Veränderungen an Haut und Haar oft mit einer guten Portion **Gelassenheit, Selbstakzeptanz und angepasster Pflege** begegnen.

4. Kapitel: Ist das nur 'ne Macke oder muss ich zum Doc?

So, jetzt haben wir uns ausführlich mit den vielen Veränderungen beschäftigt, die unser „Body-Update 5.0" und das neu gestimmte Hormon-Orchester mit sich bringen können. Wir haben gesehen, dass vieles – von Hitzewallungen über die Lesebrille bis hin zum knackenden Knie – oft einfach zum normalen Prozess des Älterwerdens gehört. Das zu wissen, nimmt ja schon mal viel Unsicherheit.

ABER: Wie unterscheide ich denn nun, ob das, was ich da an mir bemerke, nur so eine harmlose „Macke" ist, ein typisches Zipperlein dieser Lebensphase, oder ob es vielleicht doch ein Warnsignal meines Körpers ist, das sagt: „Hey, hier stimmt was nicht, geh besser mal zum Doc!"?

Diese Frage stellt sich in der Lebensmitte gefühlt ständig. Man ist vielleicht öfter müde, die Puste geht schneller aus als früher, es zwickt an neuen Stellen, die Stimmung fährt Achterbahn oder der Schlaf ist unruhiger. Ist das jetzt normal? Hormonell bedingt? Stress? Oder doch ein Anzeichen für eine beginnende Erkrankung? Manchmal fühlt man sich wie ein Autofahrer, der ein neues Geräusch am Wagen hört und rätselt: Ist das nur das Alter des Autos oder kündigt sich ein Schaden an?

Genau dieser wichtigen Frage widmen wir uns in diesem Kapitel. Wir wollen versuchen, dir eine **Orientierungshilfe** zu geben, damit du die Signale deines Körpers besser einordnen kannst.

Ganz wichtig vorweg: Dieser Ratgeber kann und will **keine ärztliche Diagnose ersetzen!** Er soll dich sensibilisieren und informieren, aber nicht zur Selbstdiagnose verleiten.

Was erwartet dich in diesem Kapitel?

- Wir schauen uns einige **typische Beschwerden** genauer an, bei denen die Unterscheidung zwischen „normaler Alterserscheinung/hormoneller Umstellung" und „krankheitsverdächtig" oft besonders knifflig ist (mehr dazu gleich in 4.1). Dazu gehören zum Beispiel:
  - Kurzatmigkeit
  - Anhaltende Müdigkeit
  - Stimmungsschwankungen und depressive Verstimmungen
  - Schlafstörungen
  - Schmerzen (z.B. Brustschmerzen, Kopfschmerzen, Gelenkschmerzen)
  - Unerklärliche Gewichtsveränderungen
- Wir versuchen aufzuzeigen, welche Aspekte eher für eine harmlose Ursache sprechen könnten und welche Anzeichen oder **„rote Flaggen"** darauf hindeuten, dass eine ärztliche Abklärung **unbedingt notwendig** ist.

Denn die alles entscheidende Regel lautet: **Im Zweifelsfall – oder bei neu aufgetretenen, anhaltenden, starken oder beunruhigenden Symptomen – immer zum Arzt oder zur Ärztin!** Lieber einmal zu viel nachgefragt, als eine ernsthafte Erkrankung zu übersehen. Deine Gesundheit ist zu wertvoll für Experimente oder Abwarten.

Ziel dieses Kapitels ist es, dich zu einem aufmerksameren Beobachter und besseren „Übersetzer" für die Sprache deines Körpers zu machen. Damit du weißt, wann du gelassen bleiben kannst und wann es Zeit ist, professionellen Rat einzuholen.

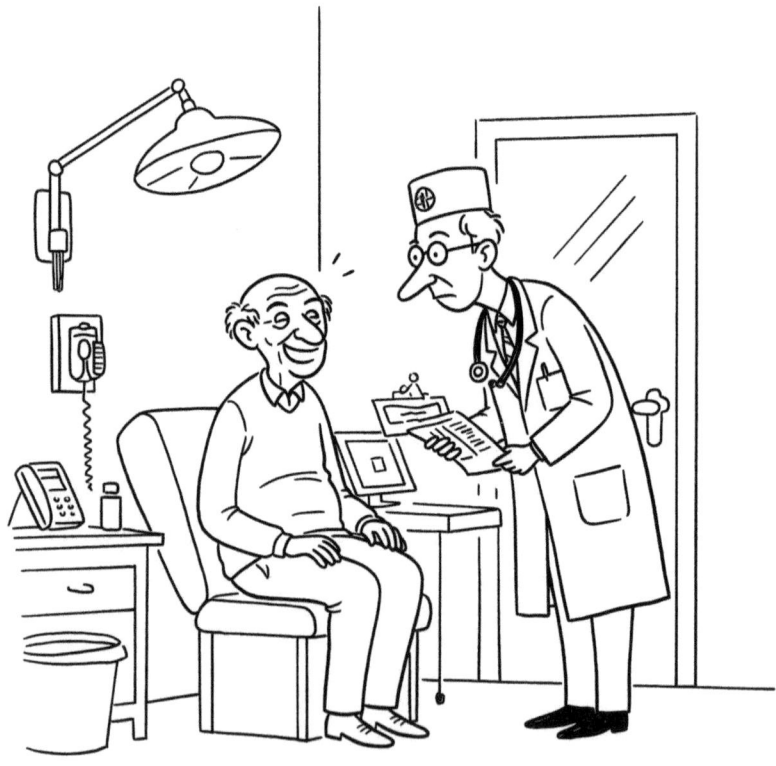

Die Kunst des Hinhörens: Den eigenen Körper verstehen lernen

Wir haben jetzt viel über die normalen Veränderungen in der Lebensmitte gesprochen. Das Wissen darum ist wichtig, aber es ist nur die halbe Miete. Die andere Hälfte ist eine Fähigkeit, die wir im hektischen Alltag oft vernachlässigen, die aber gerade jetzt unglaublich wertvoll wird: **Die Kunst des Hinhörens auf den eigenen Körper.**

Das klingt jetzt vielleicht ein bisschen nach Yoga-Studio oder Achtsamkeits-Seminar, ist aber ganz bodenständig gemeint. Es geht darum, ein guter Beobachter für dich selbst zu werden – aufmerksam, neugierig, aber auch gelassen. Dein Körper sendet ständig Signale, wie ein Cockpit voller Anzeigen. Manche leuchten immer mal wieder auf und gehören zum normalen Betrieb (die „Macken"), andere sind echte Warnleuchten. Die Kunst ist, den Unterschied zu erkennen, ohne bei jedem Flackern gleich den Schleudersitz zu betätigen.

Was bedeutet „Hinhören" ganz praktisch?

Wenn du eine Veränderung, ein Unwohlsein oder ein Symptom bemerkst, versuch mal, kurz innezuhalten und wie ein Detektiv ein paar Fragen zu stellen:

- **Was genau spüre ich?** Ist es ein Schmerz (stechend, dumpf, ziehend?), ein Druck, ein Kribbeln, Schwindel, eine ungewohnte Müdigkeit? Wo genau sitzt das Gefühl? Wie stark ist es (vielleicht auf einer Skala von 1 bis 10)?
- **Wann tritt es auf?** Gibt es bestimmte Auslöser (nach dem Essen, bei Anstrengung, in Ruhe, bei Stress)? Zu welcher Tages- oder Nachtzeit? Kommt es plötzlich oder schleicht es sich an?
- **Wie lange dauert es?** Ist es nur ein kurzer Moment, Minuten, Stunden oder hält es schon Tage an? Kommt es immer wieder?
- **Gibt es Begleiter?** Treten gleichzeitig noch andere Dinge auf (z.B. Fieber, Übelkeit, Atemnot, Hautveränderungen)?
- **Wie beeinflusst es mich?** Macht es mir Angst? Schränkt es mich in meinen täglichen Aktivitäten ein?
- **Ist das neu oder anders als sonst?** Kennst du dieses Gefühl schon? Hat es sich in letzter Zeit verändert (stärker geworden, häufiger aufgetreten)?

Warum ist dieses Hinhören so hilfreich?

1. **Es kann beruhigen:** Wenn du lernst, deine „üblichen Verdächtigen" – die Zipperlein, die du vielleicht schon länger kennst und die sich nicht verändern – wiederzuerkennen, kannst du oft viel gelassener bleiben.
2. **Es macht dich zum besseren Partner für deinen Arzt:** Wenn du zum Arzt gehst, kannst du deine Beschwerden viel genauer beschreiben. Das hilft ihm oder ihr enorm bei der Ursachensuche! Du lieferst quasi die entscheidenden Hinweise.
3. **Es stärkt deine Selbstfürsorge:** Wenn du besser spürst, was dir guttut und was nicht, wann du eine Pause brauchst oder wann bestimmte Aktivitäten dir schaden, kannst du bewusster und besser für dich sorgen.

Aber Vorsicht:

Dieses Hinhören soll nicht in eine ängstliche Selbstbeobachtung ausarten, bei der du dich verrückt machst! Es geht um eine **entspannte, aufmerksame Wahrnehmung**, nicht um ständige Sorge.

Die Kunst des Hinhörens ist wie das Stimmen eines Instruments – es braucht ein bisschen Übung, aber es ermöglicht dir, die Melodie deines Körpers besser zu verstehen. Sie hilft dir, zwischen den alltäglichen „Störgeräuschen" und den echten Alarmsignalen zu unterscheiden. Mit dieser Fähigkeit im Gepäck können wir uns jetzt einige typische Beschwerden anschauen, bei denen die Frage „Macke oder Doc?" besonders häufig auftaucht.

Typische „Sorgenkinder" unter der Lupe:

Okay, wir haben jetzt also unser „Werkzeug" – die Kunst des aufmerksamen, aber gelassenen Hinhörens auf den eigenen Körper. Mit diesem Werkzeug ausgerüstet, wollen wir uns nun einige der häufigsten Beschwerden und Veränderungen anschauen, die uns in der Lebensmitte begegnen und oft für Unsicherheit sorgen. Nennen wir sie mal liebevoll unsere „Sorgenkinder" – Symptome, bei denen die Frage „Ist das nur 'ne Macke oder muss ich zum Doc?" besonders oft im Raum steht.

In den folgenden Abschnitten nehmen wir einige dieser Sorgenkinder genauer unter die Lupe. Wir beleuchten die Bandbreite möglicher Ursachen – von harmlosen Begleiterscheinungen des Älterwerdens oder hormonellen Umstellungen bis hin zu ernsten Warnsignalen. Ziel ist es, dir Anhaltspunkte zu geben, wann du eher entspannt bleiben kannst und wann du besser ärztlichen Rat einholen solltest.

Denk aber bitte immer daran: Dies ist eine Orientierungshilfe, **keine Anleitung zur Selbstdiagnose!** Im Zweifelsfall gilt immer: Ab zum Arzt!

Kurzatmigkeit: Fitness oder Warnsignal?

Das kennst du vielleicht selbst oder von Freunden: Man geht die Treppe hoch zum ersten Stock und ist oben erstmal außer Puste. Oder die Runde mit dem Hund, die früher locker war, wird plötzlich anstrengender. Sofort kommt die Frage auf: Ist das jetzt einfach nur die Kondition, die nachgelassen hat, oder steckt vielleicht doch mehr dahinter? Kurzatmigkeit (medizinisch: Dyspnoe) ist ein typisches „Sorgenkind", weil sie einerseits sehr häufig und harmlos sein kann, andererseits aber auch ein wichtiges Warnsignal für ernsthafte Erkrankungen von Herz oder Lunge darstellt.

Mögliche Ursachen – Die Bandbreite ist groß:

- **Die eher harmlose „Fitness-Seite":**
  - **Untrainiertheit:** Seien wir ehrlich, oft ist es schlicht die fehlende Kondition. Wenn der innere Schweinehund öfter siegt und die Bewegung zu kurz kommt, bauen Herz und Lunge eben Kondition ab. Das merkt man dann bei Anstrengung.
  - **Ein paar Kilo mehr:** Übergewicht bedeutet Mehrarbeit für Herz und Lunge. Jedes Kilo extra muss mit Sauerstoff versorgt und bewegt werden.
  - **Äußere Umstände:** Bei großer Hitze, Schwüle oder in großer Höhe kann man schneller kurzatmig werden. Manchmal spielt auch akuter Stress oder Aufregung eine Rolle.
  - **Normales Altern:** Die maximale Lungenfunktion nimmt im Laufe des Lebens

leicht ab, das ist normal. Es führt aber in der Regel *nicht* dazu, dass man bei normalen Alltagsaktivitäten plötzlich außer Atem gerät.

- **Die „Warnsignal-Seite" – Hier ist ärztliche Abklärung gefragt!** Kurzatmigkeit kann aber auch ein Symptom für verschiedene Erkrankungen sein, die behandelt werden müssen:
    - **Herzerkrankungen:**
        - **Herzschwäche (Herzinsuffizienz):** Das Herz schafft es nicht mehr, genug Blut zu pumpen. Typisch ist Atemnot bei Belastung, später auch in Ruhe oder im Liegen, oft begleitet von Wassereinlagerungen (Ödeme) in den Beinen und Müdigkeit.
        - **Koronare Herzkrankheit (KHK):** Verengungen der Herzkranzgefäße können zu Sauerstoffmangel im Herzmuskel führen. Das kann sich als **Angina Pectoris** (Brustenge/-schmerz und Atemnot bei Belastung) oder als **Herzinfarkt** (plötzliche starke Beschwerden, oft auch in Ruhe – **Notfall!**) äußern. Manchmal ist Atemnot das Hauptsymptom, gerade bei Frauen oder älteren Menschen.
        - **Herzrhythmusstörungen:** Wenn das Herz aus dem Takt gerät, kann das die Pumpleistung beeinträchtigen und zu Atemnot führen.

- **Lungenerkrankungen:**
  - **Asthma bronchiale:** Anfallsartige Atemnot, oft mit pfeifenden Geräuschen beim Atmen und Husten. Kann auch erst im Erwachsenenalter auftreten oder sich verschlimmern.
  - **COPD (Chronisch obstruktive Lungenerkrankung):** Eine fortschreitende Erkrankung, meist Folge langjährigen Rauchens, mit dauerhafter Atemnot, Husten und Auswurf.
  - **Lungenembolie:** Ein Blutgerinnsel verstopft ein Gefäß in der Lunge. Führt zu plötzlicher, oft starker Atemnot, manchmal mit Brustschmerzen. **Lebensgefährlicher Notfall!**
  - **Lungenentzündung (Pneumonie):** Eine Infektion der Lunge, meist begleitet von Fieber, Husten und starkem Krankheitsgefühl.
- **Andere mögliche Ursachen:**
  - **Anämie (Blutarmut):** Zu wenige rote Blutkörperchen transportieren zu wenig Sauerstoff. Führt oft zu Blässe, Müdigkeit und Belastungsatemnot.
  - **Schilddrüsenerkrankungen:** Sowohl eine Über- als auch eine Unterfunktion können Atemnot verursachen.
  - **Angststörungen/Panikattacken:** Können zu Hyperventilation und dem

Gefühl führen, keine Luft zu bekommen, obwohl körperlich alles in Ordnung ist. Wichtig: Immer erst körperliche Ursachen ausschließen lassen!

Wann MUSST du zum Arzt? Die „Roten Flaggen" bei Kurzatmigkeit:

Mit Kurzatmigkeit ist nicht zu spaßen! In diesen Fällen solltest du **sofort den Notarzt (112) rufen**:

- Bei **plötzlich auftretender, unerklärlicher und starker Atemnot.**
- Wenn die Atemnot **zusammen mit Schmerzen, Druck oder Engegefühl in der Brust** auftritt.
- Wenn die Schmerzen in Arme, Schultern, Hals, Kiefer, Rücken oder Oberbauch **ausstrahlen.**
- Wenn zur Atemnot **Schwindel, Benommenheit, Kaltschweißigkeit, Übelkeit oder gar Ohnmacht** hinzukommen.
- Bei **bläulicher Verfärbung** der Lippen oder der Haut (Zyanose).
- Beim **Husten von Blut.**

In diesen Fällen solltest du **zeitnah einen Arzttermin vereinbaren**:

- Wenn du **neu** bemerkst, dass du schon bei **leichter Anstrengung** (die früher problemlos war) kurzatmig wirst.
- Wenn die Kurzatmigkeit **über Tage oder Wochen langsam zunimmt.**

- Wenn die Atemnot **im Liegen schlimmer** wird oder dich nachts aufweckt.
- Wenn die Atemnot **zusammen mit anderen Symptomen** auftritt wie geschwollenen Beinen, unerklärlicher Gewichtszunahme, anhaltendem Husten (mit oder ohne Auswurf), Fieber oder starker allgemeiner Müdigkeit.

Was macht der Arzt?

Er wird dich genau nach deinen Beschwerden fragen (hier hilft deine „Kunst des Hinhörens"!), dein Herz und deine Lunge abhören, den Blutdruck messen und je nach Verdacht weitere Untersuchungen veranlassen, z.B. ein EKG, Blutuntersuchungen (Sauerstoffsättigung, Blutbild, Herzmarker, Schilddrüsenwerte etc.), einen Lungenfunktionstest oder bildgebende Verfahren (Röntgen, Ultraschall).

Kurzatmigkeit kann harmlose Ursachen wie mangelnde Fitness haben, aber sie ist eben auch ein potenziell **sehr ernstes Warnsignal**. Ignoriere sie niemals, besonders wenn sie neu auftritt, sich verschlimmert, stark ist oder von anderen bedenklichen Symptomen begleitet wird. Hier gilt ganz klar der Grundsatz: **Im Zweifel lieber einmal zu viel zum Arzt als einmal zu wenig!**

Müdigkeit: Nur müde oder doch mehr dahinter?

„Ich bin so müde!" – ein Satz, den wohl jeder von uns kennt und oft benutzt. Gerade in der Lebensmitte, wo die Anforderungen oft hoch sind, fühlen sich viele Menschen häufiger erschöpft oder energielos. Doch wann ist diese Müdigkeit einfach eine normale Reaktion auf zu wenig Schlaf, Stress oder Anstrengung, und wann könnte sie ein Hinweis darauf sein, dass „mehr dahinter" steckt und ein Arztbesuch sinnvoll wäre? Müdigkeit ist ein Paradebeispiel für ein Symptom mit unzähligen möglichen Ursachen.

Mögliche Ursachen – Von „normal erschöpft" bis „krankheitsbedingt":

- **Die „Nur müde"-Seite (häufig und oft beeinflussbar):**

  - **Schlafmangel/Schlechter Schlaf:** Der offensichtlichste Grund. Zu kurze Nächte, unruhiger Schlaf (siehe Abschnitt 3.2) – klar, dass der Akku dann leer ist.
  - **Stress und Überlastung:** Beruflicher Druck, familiäre Verpflichtungen, Sorgen – chronischer Stress ist ein Energieräuber erster Güte und kann bis zum Burnout führen, bei dem Erschöpfung ein Hauptsymptom ist.
  - **Bewegungsmangel:** Es klingt paradox, aber wer sich zu wenig bewegt, fühlt sich oft müder. Regelmäßige, moderate Bewegung hingegen steigert das Energielevel langfristig.
  - **Ernährung & Flüssigkeitsmangel:** Eine einseitige Ernährung ohne ausreichend

Nährstoffe, starke Blutzuckerschwankungen (z.B. nach sehr zuckerreichen Mahlzeiten) oder schlicht zu wenig getrunken – all das kann müde machen.

- **Langeweile, fehlende Anreize:** Manchmal kann sich auch Unterforderung oder fehlende Motivation als Müdigkeit äußern.
- **Hormonelle Umstellungen:** Die Veränderungen in den Wechseljahren bei Frauen oder ein sinkender Testosteronspiegel bei Männern können ebenfalls zu erhöhter Müdigkeit beitragen (siehe Kapitel 2).
- **Normale Erschöpfung:** Nach einem anstrengenden Tag, intensivem Sport, einer durchwachten Nacht oder während/nach einem einfachen Infekt ist Müdigkeit völlig normal.

- **Die „Mehr dahinter"-Seite (ärztliche Abklärung wichtig!):** Wenn Müdigkeit aber **anhaltend, unerklärlich und stark ausgeprägt** ist, kann sie auch ein Symptom für eine zugrundeliegende Erkrankung sein. Hier einige Beispiele:

  - **Anämie (Blutarmut):** Vor allem Eisenmangel ist verbreitet und führt dazu, dass der Körper nicht genug Sauerstoff transportieren kann -> Müdigkeit, Blässe, evtl. Kurzatmigkeit.
  - **Schilddrüsenunterfunktion (Hypothyreose):** Wenn die Schilddrüse zu wenig Hormone produziert, läuft der ganze Stoffwechsel auf Sparflamme -> Müdigkeit, Antriebslosigkeit, Gewichtszunahme, Kälteempfindlichkeit.

- **Diabetes Mellitus:** Ein schlecht eingestellter Blutzucker kann sehr müde machen.
- **Schlafapnoe:** Nächtliche Atemaussetzer führen zu einem nicht erholsamen Schlaf und starker Tagesmüdigkeit, oft ohne dass die Betroffenen die Ursache kennen (Partner bemerkt oft lautes Schnarchen und Atemaussetzer).
- **Chronische Infektionen oder Entzündungen:** Manchmal bleiben nach Infekten Erschöpfungszustände zurück, oder chronische Entzündungsprozesse im Körper (z.B. bei Rheuma) rauben Energie.
- **Herzerkrankungen:** Insbesondere eine Herzschwäche äußert sich oft durch starke Müdigkeit und Leistungsschwäche.
- **Nieren- oder Leberfunktionsstörungen.**
- **Krebserkrankungen:** Anhaltende, unerklärliche Erschöpfung („Tumor-Fatigue") kann ein frühes Symptom sein.
- **Depression und Angststörungen:** Diese psychischen Erkrankungen gehen fast immer mit starker Müdigkeit, Antriebslosigkeit und Erschöpfung einher. Die Psyche und der Körper sind eng verbunden!
- **Vitamin- oder Mineralstoffmangel:** Z.B. Mangel an Vitamin B12 oder Vitamin D.
- **Nebenwirkungen von Medikamenten:** Viele Medikamente haben Müdigkeit als mögliche Nebenwirkung.

- **Chronisches Fatigue-Syndrom (CFS/ME):**
  Eine komplexe, schwere Erkrankung, deren
  Hauptmerkmal eine lähmende Erschöpfung ist,
  die sich durch Ruhe nicht bessert.

Wann MUSST du zum Arzt? Die „Roten Flaggen" bei Müdigkeit:

Da Müdigkeit so allgegenwärtig ist, ist die Abgrenzung nicht immer leicht. Du solltest aber **hellhörig werden und zeitnah einen Arzttermin vereinbaren**, wenn deine Müdigkeit:

- **Neu aufgetreten** ist und **anhält** (z.B. länger als 2-3 Wochen ohne offensichtlichen Grund wie eine stressige Phase oder Schlafmangel).
- Sich durch **ausreichend Schlaf einfach nicht bessert.**
- So **stark ausgeprägt** ist, dass sie dich in deinem **Alltag deutlich beeinträchtigt** (Arbeit, Konzentration, Hobbys, Sozialleben).
- **Unerklärlich** erscheint (du also eigentlich genug schläfst, dich bewegst und keinen übermäßigen Stress hast).
- Von **weiteren Warnsymptomen begleitet** wird, wie zum Beispiel:
  - Unerklärlicher Gewichtsverlust (oder auch starke Gewichtszunahme)
  - Fieber, Schüttelfrost oder Nachtschweiß
  - Geschwollene Lymphknoten
  - Kurzatmigkeit
  - Herzklopfen oder Herzrasen
  - Deutliche Blässe

- Depressive Stimmung, Hoffnungslosigkeit, Interessenverlust (bei Gedanken an Selbstverletzung oder Suizid -> **sofort professionelle Hilfe suchen!**)
- Muskelschwäche
- Starker Durst oder häufiges Wasserlassen
- Anhaltende Schmerzen

Was macht der Arzt?

Er wird dich sehr ausführlich zu deiner Müdigkeit, deinem Lebensstil, deinem Schlaf, deiner Stimmung und weiteren Symptomen befragen (hier zahlt sich deine „Kunst des Hinhörens" aus!). Eine körperliche Untersuchung und in der Regel eine **umfangreiche Blutuntersuchung** (Blutbild, Eisenwerte, Schilddrüsenhormone, Entzündungswerte, Blutzucker, Leber- und Nierenwerte, evtl. Vitamine) sind meist die ersten Schritte, um körperliche Ursachen aufzudecken oder auszuschließen. Je nach Verdacht können weitere Untersuchungen notwendig sein.

Müdigkeit kennt jeder mal. Aber wenn sie zum **Dauerzustand** wird, dich **lahmlegt** oder von **anderen verdächtigen Symptomen begleitet** wird, solltest du sie nicht einfach als „normale Macke" abtun. Nimm dieses Signal deines Körpers ernst und lass die Ursache ärztlich abklären. Oft steckt etwas dahinter, das man gut behandeln kann, und es ist ein großer Gewinn an Lebensqualität, wenn man seine Energie zurückbekommt!

Stimmungstiefs: Hormon-Blues oder Grund zur Sorge?

Fühlst du dich in letzter Zeit öfter mal wie das HB-Männchen aus der alten Werbung – grundlos gereizt oder könntest bei jeder Kleinigkeit an die Decke gehen? Oder bist du vielleicht eher nah am Wasser gebaut, fühlst dich niedergeschlagen, antriebslos oder siehst alles grau in grau? Solche Stimmungsschwankungen und Tiefs sind in der Lebensmitte weit verbreitet. Schnell stellt sich die Frage: Ist das nur der berüchtigte „Hormon-Blues", eine normale Reaktion auf Stress oder steckt vielleicht doch eine ernstere depressive Verstimmung oder gar eine Depression dahinter?

Mögliche Ursachen – Von vorübergehend bis behandlungsbedürftig:

- **Die „Hormon-Blues"- & „Lebensphasen"-Seite (oft milder und/oder vorübergehend):**
  - **Hormonelle Einflüsse:**
    - **Bei Frauen:** Die schwankenden und sinkenden Östrogenspiegel in den Wechseljahren können direkt auf die „Stimmungszentrale" im Gehirn wirken. Viele Frauen erleben in dieser Zeit eine erhöhte Reizbarkeit, Ängstlichkeit, Weinerlichkeit oder fühlen sich einfach emotional dünnhäutiger und weniger stressresistent.
    - **Bei Männern:** Auch der langsamere Abfall des Testosteronspiegels kann mit Stimmungsproblemen wie erhöhter

Reizbarkeit, Antriebsmangel oder einer gedrückten Grundstimmung einhergehen, auch wenn die Zusammenhänge hier oft komplexer sind.

- **Schlafstörungen:** Wer schlecht oder zu wenig schläft (ein häufiges Problem in der Lebensmitte, siehe 3.2), hat oft eine kürzere Zündschnur und ist anfälliger für Stimmungstiefs.
- **Stress und Überlastung:** Die Anforderungen im mittleren Lebensalter sind oft hoch – Beruf, Familie, finanzielle Sorgen, vielleicht die Pflege älterer Angehöriger. Chronischer Stress kann zu emotionaler Erschöpfung, Gereiztheit und Niedergeschlagenheit führen.
- **Reaktion auf körperliche & persönliche Veränderungen:** Die Auseinandersetzung mit den körperlichen Veränderungen des Älterwerdens, gesundheitliche Sorgen oder auch Sinnfragen und die Neuorientierung in der Lebensmitte („Midlife Crisis") können verständlicherweise aufs Gemüt schlagen.
- **Normale Stimmungsschwankungen:** Das Leben verläuft nicht immer geradlinig. Schlechte Tage, Traurigkeit über Verluste oder einfach mal „schlecht drauf sein" gehören zum Menschsein dazu.

- **Die „Grund zur Sorge"-Seite (ärztliche/therapeutische Hilfe ist wichtig!):** Manchmal ist ein Stimmungstief aber mehr als nur eine vorübergehende Verstimmung. Es könnte sich um eine behandlungsbedürftige psychische Erkrankung handeln, die ernst genommen werden muss:

- **Depression (Major Depression):** Dies ist eine ernsthafte Erkrankung, keine Charakterschwäche! Hauptmerkmale sind eine **anhaltende (mind. 2 Wochen) tiefe Niedergeschlagenheit und/oder der Verlust von Freude und Interesse** an Dingen, die einem früher wichtig waren. Hinzu kommen oft weitere Symptome wie: massive Schlafstörungen (zu viel oder zu wenig), deutliche Appetit- und Gewichtsveränderungen, lähmende Müdigkeit und Energieverlust, Gefühle von Wertlosigkeit oder Schuld, Konzentrationsschwierigkeiten, Unentschlossenheit und im schlimmsten Fall Gedanken an den Tod oder Suizid.
- **Angststörungen:** Generalisierte Angststörung (ständige Sorgen), Panikstörung (plötzliche Angstanfälle) oder soziale Ängste können das Leben massiv beeinträchtigen und treten häufig gemeinsam mit Depressionen auf.
- **Bipolare Störung:** Hier wechseln sich depressive Phasen mit Phasen einer stark gehobenen, oft übersteigerten Stimmung (Manie oder Hypomanie) ab.
- **Körperliche Ursachen:** Auch bestimmte körperliche Erkrankungen können Depressionen oder Angstzustände auslösen oder

verschlimmern. Dazu gehören vor allem **Schilddrüsenerkrankungen** (sowohl Unter- als auch Überfunktion!), aber auch Vitaminmangelzustände (z.B. Vitamin B12), chronische Schmerzen, neurologische Erkrankungen und andere.

- **Nebenwirkungen von Medikamenten oder Substanzmissbrauch** (Alkohol, Drogen).

Wann MUSST du Hilfe suchen? Die „Roten Flaggen" für die Seele:

Deine seelische Gesundheit ist genauso wichtig wie deine körperliche! Es ist **kein Zeichen von Schwäche**, sondern ein Zeichen von Stärke und Selbstfürsorge, sich Hilfe zu holen, wenn es einem nicht gut geht.

- **Sofortige Hilfe** (Arzt, Klinik, psychiatrischer Notdienst, Krisenberatungsstelle, Telefonseelsorge unter 0800/111 0 111 oder 0800/111 0 222) ist notwendig bei:
  - Gedanken daran, sich selbst etwas anzutun oder das eigene Leben zu beenden.
  - Akuter schwerer Hoffnungslosigkeit oder Verzweiflung.
- **Zeitnah professionelle Hilfe (Hausarzt, Facharzt für Psychiatrie/Psychosomatik, Psychotherapeut) solltest du suchen, wenn:**
  - Das Stimmungstief, die Traurigkeit oder Antriebslosigkeit **länger als zwei Wochen** fast ununterbrochen anhält.

- Du die **Freude an fast allen Aktivitäten verloren** hast, die dir früher Spaß gemacht haben.
- Deine Stimmungs- oder Angstprobleme deinen **Alltag (Arbeit, Beziehungen, Hobbys, Selbstfürsorge) deutlich beeinträchtigen**.
- **Weitere Symptome einer Depression** (siehe oben) hinzukommen.
- Du unter **starken Ängsten oder Panikattacken** leidest.
- Du bei dir oder anderen Phasen mit **extremer Hochstimmung und übersteigertem Antrieb** bemerkst.
- Du das Gefühl hast, **alleine nicht mehr weiterzuwissen** oder die Situation nicht mehr bewältigen zu können.
- Du merkst, dass du **vermehrt zu Alkohol, Drogen oder Medikamenten** greifst, um deine Gefühle zu betäuben oder zu verändern.

Was macht der Arzt oder Therapeut?

Zunächst wird im Gespräch genau erfasst, welche Beschwerden vorliegen, wie lange sie dauern und wie stark sie sind. Der Arzt wird auch körperliche Ursachen (z.B. durch Bluttests für Schilddrüsenwerte, Vitamine etc.) abklären. Je nach Diagnose gibt es sehr gute Behandlungsmöglichkeiten, die oft eine Kombination aus **Psychotherapie** (z.B. Verhaltenstherapie) und/oder **Medikamenten** (z.B. Antidepressiva) umfassen. Auch Lebensstiländerungen und Selbsthilfestrategien spielen eine wichtige Rolle.

Ein „Blues" oder schlechte Laune gehört zum Leben dazu, gerade in Umbruchphasen wie der Lebensmitte. Wenn das Tief aber tief ist, lange anhält, die Lebensfreude raubt oder von anderen Warnsignalen begleitet wird, dann ist es wichtig, dies **ernst zu nehmen**. Eine Depression oder Angststörung ist kein persönliches Versagen, sondern eine Erkrankung, die **gut behandelt werden kann**.

Gewichtsveränderungen: Stoffwechsel oder Symptom?

Das Thema Gewicht begleitet viele von uns ein Leben lang, aber in der Lebensmitte scheint es oft besonders knifflig zu werden. Mal schleichen sich Kilos an, obwohl man gefühlt nichts anders macht als früher, mal purzeln sie vielleicht sogar, ohne dass man es bewusst darauf angelegt hat. Wann sind solche Veränderungen auf der Waage eine normale Folge des langsamer werdenden Stoffwechsels oder veränderter Lebensgewohnheiten, und wann könnten sie ein Symptom sein, das man ärztlich abklären lassen sollte?

Fall 1: Gewichtszunahme – Der Stoffwechsel-Effekt oder mehr?

- **Die „Stoffwechsel & Lifestyle"-Seite (häufigste Ursache für moderate Zunahme):**

    - Wie wir schon in Kapitel 3.1 besprochen haben, ist dies der Klassiker: Der **Grundumsatz sinkt** mit den Jahren leicht ab, oft nimmt auch die Muskelmasse etwas ab, wenn man nicht aktiv gegensteuert. Bleibt die Kalorienaufnahme durch Essen und Trinken gleich oder steigt vielleicht sogar (Stress-Essen, weniger Bewegung, mehr Geselligkeit?), dann ist eine **langsame, schleichende Gewichtszunahme** oft die logische Konsequenz. Das ist der häufigste Grund für die „Midlife-Kilos".

    - **Hormonelle Verschiebungen:** Besonders bei Frauen in den Wechseljahren kann sich durch den Östrogenabfall die Fettverteilung ändern (mehr zum Bauch hin) und eine Zunahme begünstigt werden. Auch bei Männern können hormonelle Veränderungen eine Rolle spielen.

- **Veränderte Gewohnheiten:** Manchmal schleicht sich über die Jahre unbemerkt weniger Bewegung in den Alltag, oder die Essgewohnheiten ändern sich. Auch das Aufhören mit dem Rauchen kann (zumindest vorübergehend) zu einer Gewichtszunahme führen.
- **Wassereinlagerungen (Ödeme):** Können ebenfalls zu einer Zunahme führen, machen sich aber oft auch durch Schwellungen (z.B. an Knöcheln, Beinen) bemerkbar. *Achtung: Können auch ein Warnsignal sein!*

- **Die „Symptom"-Seite (ärztliche Abklärung bei deutlicher/rascher Zunahme!):** Manchmal kann eine Gewichtszunahme aber auch ein Hinweis auf eine zugrundeliegende Erkrankung sein, besonders wenn sie schnell erfolgt oder sehr ausgeprägt ist:

  - **Schilddrüsenunterfunktion (Hypothyreose):** Ein häufiger Grund für unerklärliche Gewichtszunahme, oft begleitet von Müdigkeit, Kälteempfindlichkeit, trockener Haut, Verstopfung.
  - **Herzschwäche (Herzinsuffizienz):** Wenn das Herz nicht mehr richtig pumpt, kann sich Wasser im Körper ansammeln -> schnelle Gewichtszunahme durch Ödeme, oft zusammen mit Atemnot. **Wichtiges Warnsignal!**

- **Nierenerkrankungen:** Eine gestörte Nierenfunktion kann zu Wassereinlagerungen und Gewichtszunahme führen.
- **Bestimmte Medikamente:** Einige Medikamente (z.B. Kortison, manche Antidepressiva, Insulin) können als Nebenwirkung zu einer Gewichtszunahme führen. Sprich deinen Arzt darauf an, wenn du einen Verdacht hast.
- **Andere hormonelle Störungen** (z.B. Cushing-Syndrom, PCOS bei Frauen) sind seltenere Ursachen.

Fall 2: Gewichtsverlust – Absicht oder Alarmsignal?

Während eine *beabsichtigte* Gewichtsabnahme durch gesündere Ernährung und mehr Bewegung natürlich positiv ist, sollte ein **unbeabsichtigter, unerklärlicher Gewichtsverlust dich immer hellhörig machen und ärztlich abgeklärt werden!**

- **Die „Symptom"-Seite (IMMER ärztlich abklären lassen!):** Ein Gewichtsverlust ohne eigenes Zutun kann ein frühes Anzeichen für verschiedene Erkrankungen sein:
    - **Schilddrüsenüberfunktion (Hyperthyreose):** Der Stoffwechsel läuft auf Hochtouren, man nimmt ab trotz oft gesteigertem Appetit, ist unruhig, schwitzt leicht, hat Herzrasen.
    - **Diabetes Mellitus (neu entdeckt oder schlecht eingestellt):** Der Körper kann den Zucker nicht verwerten und baut Fett und Muskeln ab. Oft

begleitet von starkem Durst und häufigem Wasserlassen.

- **Krebserkrankungen:** Unerklärlicher Gewichtsverlust, oft zusammen mit Appetitlosigkeit und/oder Müdigkeit, kann leider ein Warnsignal für bösartige Erkrankungen sein. **Deshalb ist eine Abklärung so wichtig!**
- **Erkrankungen des Magen-Darm-Trakts:** Chronisch-entzündliche Darmerkrankungen (Morbus Crohn, Colitis ulcerosa), Zöliakie (Glutenunverträglichkeit), Magengeschwüre, Erkrankungen der Bauchspeicheldrüse können die Nährstoffaufnahme behindern.
- **Chronische Infektionen.**
- **Fortgeschrittene Herz-, Nieren- oder Lebererkrankungen.**
- **Psychische Erkrankungen:** Schwere Depressionen oder Angststörungen können zu Appetitlosigkeit und Gewichtsverlust führen. Auch Essstörungen können dahinterstecken.
- **Nebenwirkungen von Medikamenten oder Substanzmissbrauch.**

Wann MUSST du zum Arzt? Die „Roten Flaggen" bei Gewichtsveränderungen:

- **Bei Gewichtszunahme:**
  - Bei **schneller, unerklärlicher Zunahme** (mehrere Kilo in wenigen Tagen oder Wochen), besonders wenn gleichzeitig **Atemnot oder**

deutlich geschwollene Beine/Knöchel auftreten (-> Verdacht auf Herz- oder Nierenproblem!).

- Bei **deutlicher Zunahme (mehrere Kilo) trotz nachweislich unveränderter Ess- und Bewegungsgewohnheiten,** vor allem wenn **Symptome wie starke Müdigkeit, Kältegefühl, Verstopfung** hinzukommen (-> Verdacht auf Schilddrüsenunterfunktion!).

- **Bei Gewichtsverlust:**
  - Bei **jedem unbeabsichtigten Gewichtsverlust, der nennenswert ist** (als Faustregel gilt: mehr als 5% deines Ausgangsgewichts in weniger als 6 Monaten – Beispiel: Bei 80 kg Körpergewicht wären das 4 kg Verlust). **Dies sollte IMMER Anlass für einen Arztbesuch sein!**
  - **Besonders dringlich,** wenn der Gewichtsverlust begleitet wird von: Appetitlosigkeit, anhaltender Müdigkeit, Fieber, Nachtschweiß, Schmerzen, Verdauungsbeschwerden (Durchfall, Verstopfung, Blut im Stuhl), Schluckbeschwerden, Husten oder anderen neuen Symptomen.

Was macht der Arzt?

Er wird dich genau nach deinen Lebens- und Essgewohnheiten, deiner Aktivität, deinem Stresslevel, weiteren Symptomen und Medikamenten fragen. Eine körperliche Untersuchung inklusive Messung von Gewicht, Größe und ggf. Bauchumfang gehört dazu. Blutuntersuchungen (u.a. Schilddrüsenwerte, Blutzucker, Nieren- und Leberwerte, Entzündungsparameter,

Blutbild) sind meist der nächste Schritt. Je nach Befund und Verdacht können weitere Untersuchungen wie Ultraschall, Magen- oder Darmspiegelung etc. sinnvoll sein.

Eine langsame Gewichtszunahme über die Jahre ist in der Lebensmitte oft eine Folge des veränderten Stoffwechsels und Lebensstils. Schnelle Zunahmen oder Zunahmen trotz unveränderter Gewohnheiten sollten aber abgeklärt werden. **Noch wichtiger: Jeder unerklärliche, unbeabsichtigte Gewichtsverlust ist ein potenzielles Warnsignal und gehört in ärztliche Hände!** Beobachte die Signale deines Körpers und deiner Waage aufmerksam.

Schlafprobleme: Normal oder behandlungsbedürftig?

Eine erholsame Nachtruhe – wer wünscht sich das nicht? Doch gerade in der Lebensmitte klagen viele über Schlafprobleme. Man liegt ewig wach, bevor man einschläft, wacht nachts häufig auf, ist frühmorgens hellwach oder fühlt sich trotz vermeintlich ausreichender Schlafdauer am nächsten Tag wie gerädert. Ist das einfach eine normale Begleiterscheinung des Älterwerdens oder des Alltagsstresses, oder handelt es sich um eine behandlungsbedürftige Schlafstörung?

Mögliche Ursachen – Warum der Schlaf gestört sein kann:

- **Die „normale" oder „lifestylebedingte" Seite:**

    - **Veränderte Schlafmuster im Alter:** Die Struktur unseres Schlafs ändert sich mit den Jahren tatsächlich etwas. Wir haben oft weniger Tiefschlafphasen und wachen nachts häufiger kurz auf. Das ist bis zu einem gewissen Grad ein normaler physiologischer Prozess.
    - **Stress, Sorgen, Gedankenkarussell:** Der häufigste Grund für schlaflose Nächte! Wenn der Kopf nicht zur Ruhe kommt, weil man über den Job, die Familie, Finanzen oder die Gesundheit grübelt, ist an entspanntes Ein- oder Durchschlafen oft nicht zu denken.
    - **Ungünstige Schlafgewohnheiten („Schlafhygiene"):** Unregelmäßige Zubettgehzeiten, üppiges Essen oder Alkohol am Abend, zu viel Koffein am Nachmittag, ein zu helles, lautes oder warmes Schlafzimmer,

stundenlanges Daddeln am Handy oder Tablet vor dem Einschlafen – all das kann den Schlaf erheblich stören (siehe auch Abschnitt 3.2).

- **Hormonelle Einflüsse:** Bei Frauen können Hitzewallungen und Nachtschweiß in den Wechseljahren den Schlaf massiv stören. Auch andere hormonelle Veränderungen bei Frauen und Männern können sich auf den Schlaf auswirken.
- **Vorübergehende Störungen:** Krankheiten (wie eine Erkältung), Schmerzen, ungewohnte Umgebung auf Reisen oder eine besonders stressige Phase können den Schlaf kurzfristig beeinträchtigen.
- **Schlechte Nächte passieren:** Es ist völlig normal, ab und zu mal eine schlechte Nacht zu haben. Solange das nicht zur Regel wird, ist es meist kein Grund zur Sorge.
- **Die „behandlungsbedürftige" Seite (ärztliche Abklärung sinnvoll!):** Wenn Schlafprobleme jedoch **chronisch** werden, also über längere Zeit anhalten und die Lebensqualität deutlich beeinträchtigen, können spezifische Schlafstörungen oder andere Erkrankungen dahinterstecken:

  - **Chronische Insomnie:** Dies ist eine eigenständige Erkrankung. Sie liegt vor, wenn jemand über mindestens drei Monate an mindestens drei Nächten pro Woche Schwierigkeiten mit dem Ein- oder Durchschlafen hat oder sich trotz ausreichender

Schlafdauer nicht erholt fühlt und dies zu spürbaren Beeinträchtigungen am Tag führt (Müdigkeit, Konzentrationsstörungen, Reizbarkeit etc.).

- **Schlafapnoe:** Hier kommt es während des Schlafs immer wieder zu Atemaussetzern. Das führt zu Sauerstoffmangel, Weckreaktionen (oft unbemerkt) und einem nicht erholsamen Schlaf. Folgen sind starke Tagesmüdigkeit und ein erhöhtes Risiko für Herz-Kreislauf-Erkrankungen. Typische Anzeichen sind lautes, unregelmäßiges Schnarchen und vom Partner beobachtete Atemaussetzer. **Muss unbedingt ärztlich abgeklärt und behandelt werden!**
- **Restless Legs Syndrom (RLS):** Ein unangenehmer, oft quälender Bewegungsdrang in den Beinen, meist in Ruhe am Abend oder in der Nacht, der das Einschlafen massiv stören kann.
- **Psychische Erkrankungen:** Depressionen (oft verbunden mit frühmorgendlichem Erwachen) und Angststörungen (oft Einschlafstörungen durch Grübeln) sind sehr häufige Ursachen für chronische Schlafprobleme.
- **Körperliche Erkrankungen:** Chronische Schmerzen (z.B. durch Arthrose), nächtlicher Harndrang (bedingt z.B. durch Prostatavergrößerung, Diabetes, Herzschwäche), Herz- oder Lungenerkrankungen, neurologische

Störungen (z.B. Parkinson) können den Schlaf erheblich beeinträchtigen.

- **Nebenwirkungen von Medikamenten:** Eine Vielzahl von Medikamenten kann den Schlaf stören.

Wann MUSST du zum Arzt? Die „Roten Flaggen" bei Schlafproblemen:

Gelegentlicher schlechter Schlaf ist normal. Du solltest aber **hellhörig werden und zeitnah einen Arzttermin vereinbaren**, wenn:

- Deine Schlafprobleme (egal welcher Art: Ein-, Durchschlafen, zu frühes Erwachen, nicht erholsamer Schlaf) **länger als etwa vier Wochen an den meisten Nächten** andauern.
- Du dich tagsüber **ständig müde, erschöpft, unkonzentriert oder gereizt** fühlst und dies deinen **Alltag oder deine Leistungsfähigkeit spürbar beeinträchtigt.**
- Du (oder dein/e Partner/in) **lautes, unregelmäßiges Schnarchen mit Atempausen** bei dir bemerkst (-> dringender Verdacht auf Schlafapnoe!).
- Du unter einem **quälenden Bewegungsdrang in den Beinen** leidest, der dich wach hält (-> Verdacht auf RLS!).
- Du den Eindruck hast, dass deine Schlafprobleme mit einer **depressiven Verstimmung, Ängsten oder einer anderen Erkrankung** zusammenhängen könnten.

- Du **regelmäßig Schlafmittel** (auch frei verkäufliche!) benötigst, um überhaupt schlafen zu können, oder das Gefühl hast, davon abhängig zu sein.
- Die Schlafprobleme **neu aufgetreten sind oder sich deutlich verschlechtert** haben, ohne dass du eine klare Ursache (wie akuten Stress) erkennen kannst.

Was macht der Arzt?

Er wird dich ausführlich nach deinen Schlafgewohnheiten, den genauen Problemen, deinem Tagesbefinden, Lebensstil, Stress, deiner Stimmung und eventuellen Begleiterkrankungen oder Medikamenten fragen. Oft ist das Führen eines Schlaftagebuchs über 1-2 Wochen hilfreich. Der Arzt wird körperliche Ursachen ausschließen bzw. behandeln. Bei Verdacht auf Schlafapnoe oder andere spezifische Schlafstörungen kann eine Überweisung zu einem Schlafmediziner oder in ein Schlaflabor notwendig sein. Bei chronischer Insomnie gilt heute die kognitive Verhaltenstherapie (CBT-I) als Methode der ersten Wahl, noch vor Schlafmitteln.

Schlechter Schlaf muss kein Schicksal sein, das man in der Lebensmitte einfach hinnehmen muss! Während gelegentliche unruhige Nächte normal sind, sind **chronische Schlafprobleme ein ernstzunehmendes Gesundheitsproblem**, das deine Lebensqualität und Leistungsfähigkeit massiv beeinträchtigen kann. Zögere nicht, ärztlichen Rat einzuholen, wenn du über längere Zeit schlecht schläfst. Oft gibt es gute Behandlungsmöglichkeiten, die dir wieder zu erholsameren Nächten verhelfen können!

Wann der Gang zum Arzt unerlässlich ist: Klare Warnsignale erkennen

Wir haben uns nun einige typische Beschwerden angeschaut, bei denen die Frage „Ist das nur 'ne Macke oder muss ich zum Doc?" besonders häufig auftaucht. Wir haben gesehen, dass die Antwort oft nicht schwarz oder weiß ist und von vielen Faktoren abhängt.

Aber es gibt bestimmte **allgemeine Warnsignale („Rote Flaggen")**, bei denen du nicht zögern solltest, ärztlichen Rat einzuholen – unabhängig davon, welches spezielle Symptom im Vordergrund steht. Diese Signale deuten potenziell auf ernsthaftere zugrundeliegende Probleme hin, die abgeklärt werden müssen.

Die Goldene Regel: Vertraue auf dein Gefühl! Wenn dir etwas komisch vorkommt, wenn du dich sehr unwohl fühlst oder dir ernsthafte Sorgen machst, dann ist der Gang zum Arzt **immer** richtig. Lieber einmal zu viel nachgefragt als einmal zu wenig!

Klare Warnsignale („Rote Flaggen"), bei denen du unbedingt zum Arzt solltest:

Achte auf die folgenden Merkmale deiner Symptome oder deines Zustands:

- **Plötzlichkeit & Heftigkeit:**
  - Symptome, die **schlagartig, aus heiterem Himmel** auftreten.
  - Symptome, die **ungewöhnlich stark oder intensiv** sind (z.B. „der stärkste Kopfschmerz

meines Lebens", unerträgliche Schmerzen, massive Atemnot).

- **Neuheit & Unerklärlichkeit:**

  - Beschwerden, die du **so noch nie zuvor hattest.**
  - Symptome, für die es **keine plausible Erklärung** gibt (z.B. keine Verletzung, keine besondere Anstrengung, kein bekannter Infekt).

- **Anhalten & Verschlimmerung:**

  - Symptome, die **über einen längeren Zeitraum anhalten** (je nach Symptom einige Tage bis wenige Wochen) und nicht von alleine besser werden.
  - Beschwerden, die sich **im Verlauf deutlich verschlimmern.**

- **Besonders alarmierende Begleitsymptome:**

  - **Hohes Fieber** (über 39°C) oder **länger anhaltendes Fieber.**
  - **Starke Schmerzen**, insbesondere plötzlich auftretende **Brustschmerzen.**
  - **Atemnot** (siehe 4.1.1).
  - **Neurologische Ausfälle:** Plötzliche Lähmungen, Gefühlsstörungen, Sprach- oder Sehstörungen, starker Schwindel, Verwirrtheit, Gleichgewichtsstörungen.
  - **Krampfanfälle.**
  - **Starke oder ungewöhnliche Blutungen:** z.B. Bluterbrechen, Blut im Stuhl (Teerstuhl oder hellrot), Blut im Urin, starkes Nasenbluten, Bluthusten.

- **Bläuliche Verfärbung** der Lippen oder der Haut (Zyanose).
- **Starke Schwellungen**, besonders wenn sie einseitig auftreten oder schnell zunehmen.
- **Deutliche Beeinträchtigung:**
  - Wenn die Symptome dich so stark beeinträchtigen, dass du deine **täglichen Aufgaben, deine Arbeit oder deine sozialen Aktivitäten nicht mehr wie gewohnt ausführen** kannst.
- **Spezifische Alarmsignale, die immer abgeklärt werden sollten:**
  - **Unbeabsichtigter, deutlicher Gewichtsverlust** (mehr als 5% des Körpergewichts in 6 Monaten).
  - **Veränderungen von Muttermalen** (Asymmetrie, Begrenzung unregelmäßig, Farbe uneinheitlich, Durchmesser >5mm, Erhabenheit/Entwicklung).
  - **Anhaltender Nachtschweiß** (so stark, dass die Nachtwäsche gewechselt werden muss).
  - **Tastbare Knoten oder Schwellungen** (z.B. in der Brust, Hoden, Hals, Achselhöhle, Leiste), die neu sind oder sich verändern.
  - **Anhaltende Schluckbeschwerden.**
  - **Anhaltende Veränderungen des Stuhlgangs** (z.B. Wechsel von Durchfall und Verstopfung, neu aufgetretene Verstopfung, Bleistiftstuhl, Blut im Stuhl).

- **Anhaltende Heiserkeit** (länger als 3-4 Wochen).

Zögere nicht – Deine Gesundheit ist wichtig!

Wenn eines oder mehrere dieser Warnsignale auf dich zutreffen, warte nicht ab, ob es „von alleine weggeht". Eine rechtzeitige ärztliche Abklärung kann entscheidend sein, um die Ursache zu finden und – falls nötig – frühzeitig mit einer Behandlung zu beginnen.

Denk daran: Gut auf sich zu achten und bei Warnsignalen professionelle Hilfe in Anspruch zu nehmen, ist ein Zeichen von Stärke und Verantwortung für dich selbst.

Die Lebensmitte bringt viele Veränderungen mit sich, und nicht jedes Zipperlein ist ein Grund zur Panik. Aber es ist unerlässlich, die Alarmsignale deines Körpers zu kennen und ernst zu nehmen. Indem du lernst, aufmerksam hinzuhören und bei „roten Flaggen" entschlossen handelst, schaffst du die beste Voraussetzung, um gesund und aktiv zu bleiben.

5. Kapitel: Dein Wohlfühl-Kompass für die zweite Halbzeit

Wir haben in den vorherigen Kapiteln viel darüber gelernt, welche Updates unser Körper in der Lebensmitte erfährt (Kapitel 2 & 3) und wie wir die Kunst des Hinhörens nutzen können, um zwischen harmlosen „Macken" und echten Warnsignalen zu unterscheiden (Kapitel 4). Das ist eine wichtige Grundlage.

Aber jetzt wollen wir den Fokus darauf legen, wie du die Segel für die „zweite Halbzeit" deines Lebens selbst setzen kannst – und zwar Richtung Wohlbefinden, Energie und Gesundheit! Denn die gute Nachricht ist: Du bist den Veränderungen nicht passiv ausgeliefert. Du hast eine Menge Stellschrauben, an denen du drehen kannst, um dich gut zu fühlen und fit zu bleiben.

Dieses Kapitel soll dir wie ein **persönlicher „Wohlfühl-Kompass"** dienen. Er zeigt dir Richtungen und Wege auf, wie du aktiv deine Gesundheit fördern und deine Lebensqualität steigern kannst. Es geht darum, die Verantwortung für das eigene Wohlbefinden in die Hand zu nehmen und die kommenden Jahre mit Freude und Vitalität zu füllen.

Wir schauen uns gemeinsam die wichtigsten Navigationspunkte auf diesem Kompass an:

- **Bewegung:** Entdecke (neu), wie viel Spaß Bewegung machen kann und wie sie nicht nur deinen Körper, sondern auch deinen Geist beflügelt.

- **Ernährung:** Finde heraus, wie du deinen Körper optimal mit allem versorgst, was er jetzt braucht – und das mit Genuss und ohne strenge Verbote.
- **Vorsorge:** Erfahre, warum regelmäßige Check-ups und Früherkennungsuntersuchungen so wertvoll sind und dir helfen können, gesundheitlichen Problemen vorzubeugen oder sie frühzeitig zu erkennen.
- **Stressmanagement & Seelenpflege:** Lerne, wie du gut für deine innere Balance sorgen kannst, denn dein seelisches Wohlbefinden ist untrennbar mit deiner körperlichen Gesundheit verbunden.

Dabei geht es nicht darum, dein Leben von heute auf morgen komplett umzukrempeln oder einem strengen Regiment zu folgen. Vielmehr wollen wir dir praktische, alltagstaugliche Anregungen geben. Oft sind es die kleinen, aber beständigen Veränderungen, die langfristig die größte Wirkung zeigen.

Lass uns also gemeinsam diesen Wohlfühl-Kompass erkunden und herausfinden, welche Routen und Werkzeuge dir helfen, die zweite Halbzeit deines Lebens gesund, aktiv und voller Freude zu gestalten!

Bewegung: Jungbrunnen für Körper und Geist

Wenn es eine Art „Wundermittel" gäbe, das uns hilft, uns jünger zu fühlen, energiegeladener zu sein, besser zu schlafen, unser Herz zu schützen, die Knochen zu stärken, die Laune zu heben UND sogar dem altersbedingten Muskelabbau entgegenwirkt – wir würden es wahrscheinlich alle nehmen, oder? Die fantastische Nachricht ist: Dieses Mittel gibt es! Es heißt **Bewegung**. Sie ist vielleicht der wirksamste und gleichzeitig zugänglichste „Jungbrunnen" für unseren Körper und unseren Geist, gerade in der zweiten Lebenshälfte.

Warum ist Bewegung gerade jetzt ein echter Game-Changer?

Die positiven Effekte sind unglaublich vielfältig und wirken vielen der typischen Midlife-Herausforderungen entgegen, über die wir gesprochen haben:

- **Für deinen Körper:**
    - **Herz & Kreislauf:** Regelmäßige Bewegung trainiert dein Herz, hält die Gefäße elastisch, kann helfen, den Blutdruck zu senken und die Blutfettwerte zu verbessern (siehe 3.4).
    - **Gewicht & Stoffwechsel:** Bewegung verbrennt Kalorien, kurbelt den Stoffwechsel an und hilft, Muskelmasse zu erhalten oder aufzubauen – der Schlüssel, um der „Midlife-Zunahme" entgegenzuwirken (siehe 3.1).
    - **Knochen & Gelenke:** Belastung durch Bewegung (insbesondere Krafttraining) stärkt die Knochen und hilft, Osteoporose

vorzubeugen. Starke Muskeln entlasten zudem die Gelenke, und sanfte Bewegung kann bei Arthrose sogar Schmerzen lindern und die Beweglichkeit verbessern (siehe 3.3).

- **Energie & Schlaf:** Auch wenn es paradox klingt: Wer sich regelmäßig bewegt, fühlt sich meist energiegeladener und schläft besser (siehe 3.2).
- **Immunsystem:** Moderate Bewegung stärkt die Abwehrkräfte.
- **Für deinen Geist & deine Seele:**
  - **Stressabbau:** Bewegung ist ein fantastisches Ventil, um Stresshormone abzubauen und den Kopf freizubekommen.
  - **Stimmungsaufheller:** Beim Sport werden Endorphine („Glückshormone") ausgeschüttet. Bewegung hilft nachweislich gegen depressive Verstimmungen und Ängste (siehe 4.1.3).
  - **Geistige Fitness:** Bewegung fördert die Durchblutung des Gehirns und kann Konzentration und Gedächtnisleistung unterstützen.
  - **Soziale Komponente:** Gemeinsame Aktivitäten machen Spaß und fördern soziale Kontakte.

Welche Bewegung ist die richtige? Der Mix macht's!

Ideal ist eine Kombination, die verschiedene Aspekte abdeckt:

1. **Ausdauer (Cardio):** Alles, was dein Herz-Kreislauf-System moderat fordert. Das muss kein Marathon sein! **Flottes Gehen, Nordic Walking, Radfahren,**

Schwimmen, **Tanzen**, Wandern – such dir aus, was dir Freude macht! Die Weltgesundheitsorganisation empfiehlt mindestens 150 Minuten moderate (leicht außer Puste, aber Unterhaltung noch möglich) oder 75 Minuten intensive Aktivität pro Woche.

2. **Kraft:** Enorm wichtig für den Erhalt von Muskeln (gegen Sarkopenie), Knochen (gegen Osteoporose) und zur Unterstützung des Stoffwechsels! Das geht zuhause mit dem eigenen Körpergewicht (Kniebeugen, Ausfallschritte, Liegestütze – gerne auch erleichtert an der Wand oder auf den Knien), mit Therabändern oder kleinen Hanteln, oder natürlich im Fitnessstudio oder Sportverein. Versuche, 2-3 Mal pro Woche die großen Muskelgruppen (Beine, Rumpf, Arme, Rücken) zu trainieren.

3. **Beweglichkeit & Balance:** Hilft, beweglich zu bleiben, Verspannungen vorzubeugen und das Risiko für Stürze zu senken. Regelmäßiges **Dehnen**, sanftes **Yoga**, **Tai Chi** oder **Pilates** sind hierfür ideal. Auch einfache Balanceübungen (z.B. auf einem Bein stehen beim Zähneputzen) sind wertvoll.

Tipps für den (Wieder-)Einstieg und das Dranbleiben:

- **Langsam starten:** Überfordere dich nicht, besonders wenn du länger pausiert hast. Kontinuität ist wichtiger als Intensität am Anfang.
- **Spaßfaktor suchen:** Das A und O! Nur was dir Freude bereitet, wirst du langfristig beibehalten. Probiere Verschiedenes aus!

- **Realistische Ziele:** Setze dir kleine, erreichbare Ziele (z.B. „diese Woche 3x 20 Minuten spazieren gehen"). Jeder Schritt zählt!
- **Gemeinsam aktiv:** Vielleicht motiviert ihr euch gegenseitig mit deinem Partner oder deiner Partnerin? Oder du verabredest dich mit Freunden oder schließt dich einer Gruppe an.
- **In den Alltag einbauen:** Nutze Gelegenheiten: Treppe statt Aufzug, kurze Wege mit dem Rad, Besorgungen zu Fuß erledigen.
- **Auf den Körper hören:** Gönne dir Ruhetage. Lerne, zwischen gesundem Muskelkater und echtem Schmerz zu unterscheiden. Passe die Aktivität an deine Tagesform an.
- **Ärztlicher Check:** Wenn du gesundheitliche Vorbelastungen hast oder sehr lange keinen Sport gemacht hast, sprich kurz mit deinem Arzt, bevor du mit einem neuen, intensiveren Programm beginnst.

Bewegung ist weit mehr als nur Kalorienverbrennen. Sie ist eine der wirkungsvollsten Strategien, um dem Alterungsprozess aktiv entgegenzuwirken, Krankheiten vorzubeugen und die Lebensqualität in der zweiten Halbzeit deutlich zu steigern. Sie ist dein persönlicher Jungbrunnen – nutze ihn! Finde deine Freude an der Bewegung und mach sie zu einem festen Bestandteil deines Lebens. Dein Körper und dein Geist werden es dir danken!

Ernährung: Mit Genuss gesund bleiben

Essen ist doch was Herrliches, oder? Ein gutes Essen mit lieben Menschen, der Duft von frischem Kaffee am Morgen, das Stück Kuchen am Sonntagnachmittag – das ist Lebensqualität! Und genau die soll uns auch in der zweiten Halbzeit erhalten bleiben. Wir haben ja schon beim Thema Stoffwechsel (Abschnitt 3.1) gemerkt, dass es nicht darum geht, zum Asketen zu werden, sondern eine gute Balance zu finden.

Gleichzeitig wissen wir natürlich, dass das, was wir essen, einen großen Einfluss darauf hat, wie wir uns fühlen. Eine kluge Ernährung kann uns helfen, energiegeladen zu bleiben, unser Gewicht besser zu managen, unser Herz zu schützen und unsere Knochen und Muskeln stark zu halten. Es geht also darum, unserem Körper die Nährstoffe zu geben, die er jetzt braucht, um gut zu funktionieren – und das Ganze eben **mit Genuss** zu verbinden.

Wie kann das gehen – gesund essen ohne Verzicht und strenge Regeln?

Der Schlüssel liegt oft in einfachen Grundsätzen, die viel Raum für individuelle Vorlieben und Genussmomente lassen:

1. **Bunt und vielfältig ist Trumpf:** Versuche, möglichst abwechslungsreich zu essen. Je bunter dein Teller, desto mehr verschiedene Vitamine, Mineralstoffe und andere wertvolle Inhaltsstoffe nimmst du auf. Nutze die Vielfalt, die die Jahreszeiten bieten – vielleicht findest du ja auf dem Wochenmarkt hier in der Gegend tolle

saisonale Produkte? Langeweile kommt so gar nicht erst auf!

2. **Mehr Grünzeug und Pflanzenpower:** Gemüse, Salat, Obst und Hülsenfrüchte (wie Linsen, Bohnen, Kichererbsen) sind wahre Kraftpakete. Sie liefern Ballaststoffe, die uns gut sättigen und die Verdauung fördern, dazu jede Menge Vitamine und Mineralstoffe. Versuch einfach mal, bei jeder Mahlzeit eine gute Portion davon einzubauen.

3. **Gute Fette als Freunde:** Fette sind wichtig, es kommt nur auf die Auswahl an. Pflanzliche Öle wie gutes Olivenöl oder Rapsöl, Nüsse, Samen und Avocados liefern wertvolle ungesättigte Fettsäuren. Auch fetter Fisch wie Lachs, Makrele oder Hering ist super (Stichwort: Omega-3-Fettsäuren). Das heißt nicht, dass du nie wieder Butter oder ein Stück fetteren Käse essen sollst – es geht um die Balance und darum, die guten Fette vielleicht etwas häufiger einzuplanen.

4. **Eiweiß für Muskeln und Sättigung:** Damit deine Muskeln gut versorgt sind und du dich nach dem Essen angenehm satt fühlst, achte auf ausreichende Eiweißquellen. Das können Fisch, Geflügel, mageres Fleisch, Eier, Milchprodukte (Quark, Joghurt, Käse), aber auch Hülsenfrüchte oder Tofu sein.

5. **Kohlenhydrate? Ja, aber die richtigen:** Greif bei Brot, Nudeln und Reis öfter mal zur Vollkornvariante. Die liefert mehr Ballaststoffe und Nährstoffe und hält den Blutzuckerspiegel stabiler als Weißmehlprodukte. Bei Zucker, Süßigkeiten und süßen Getränken gilt: Weniger ist oft mehr. Aber das heißt nicht „nie"! Das

Stück Torte zum Geburtstag oder die Schokolade am Abend sind absolut in Ordnung – genieße sie bewusst!

6. **Genug trinken:** Wasser, ungesüßte Tees oder stark verdünnte Saftschorlen sind ideale Durstlöscher über den Tag verteilt.

7. **Der wichtigste Punkt: Achtsam genießen!**
   - Nimm dir Zeit zum Essen, setz dich hin, schling nicht nebenbei.
   - Konzentriere dich auf den Geschmack, die Konsistenz, den Geruch.
   - Höre auf deinen Körper: Wann bin ich hungrig? Wann bin ich angenehm satt? Oft essen wir aus Gewohnheit weiter, obwohl wir längst genug haben.
   - Mach Mahlzeiten zu schönen Momenten – allein oder in Gesellschaft.

Finde deine Balance:

Es geht nicht um Perfektion. Niemand isst jeden Tag „perfekt".
Vielleicht hilft dir die Vorstellung der „80/20-Regel": Wenn du
dich zu etwa 80% an diesen gesunden Grundsätzen orientierst,
ist für die restlichen 20% ganz entspannt Platz für „Extras", für
spontane Einladungen oder einfach für das, worauf du gerade
richtig Lust hast – ohne schlechtes Gewissen!

Gesund essen in der Lebensmitte ist kein Hexenwerk und muss
kein Genusskiller sein. Es geht darum, deinem Körper Gutes zu
tun, ihn mit dem zu versorgen, was er braucht, und dabei die
Freude am Essen zu behalten. Finde deinen eigenen Weg, der
zu dir passt, der dir schmeckt und der sich gut und nachhaltig
anfühlt. Denn Essen soll und darf Spaß machen – ein Leben
lang!

Vorsorge: Der beste Schutz ist Wissen (und der regelmäßige Check-up!)

Wir tun viel für unser Auto – bringen es regelmäßig zur Inspektion, wechseln Öl und Reifen, lassen den TÜV machen. Warum? Damit es lange sicher und zuverlässig läuft und wir böse Überraschungen vermeiden. Genau diese Logik sollten wir auch auf unseren eigenen Körper anwenden!

Vorsorgeuntersuchungen sind quasi die „Inspektion" für unsere Gesundheit. Sie haben nichts mit Schwarzmalerei oder übertriebener Sorge zu tun, sondern mit **Klugheit, Weitsicht und Verantwortung** für uns selbst.

Warum ist Vorsorge so wichtig, gerade jetzt?

Viele ernsthafte Erkrankungen, wie zum Beispiel Bluthochdruck, Diabetes, bestimmte Krebsarten (insbesondere Darmkrebs!) oder auch Herz-Kreislauf-Probleme, entwickeln sich oft **schleichend und unbemerkt** über Jahre hinweg. Wenn sie dann Symptome verursachen, sind sie manchmal schon weiter fortgeschritten. Die Vorsorge gibt uns die Chance:

1. **Risikofaktoren frühzeitig zu erkennen** (wie hohe Blutzucker- oder Cholesterinwerte, Bluthochdruck) und gegenzusteuern, oft schon durch Änderungen im Lebensstil.
2. **Krankheiten oder deren Vorstufen in einem sehr frühen Stadium zu entdecken**, in dem sie häufig noch **viel besser und schonender behandelt** werden können.
3. **Uns Wissen über unseren Gesundheitszustand zu verschaffen**, was uns Sicherheit gibt und hilft, informierte Entscheidungen zu treffen.

Vorsorge ist also ein aktiver Beitrag zur Erhaltung unserer Gesundheit und Lebensqualität – ein echter Ankerpunkt auf unserem Wohlfühl-Kompass.

Welche Vorsorgeuntersuchungen sind in Deutschland relevant?

Unser Gesundheitssystem bietet eine Reihe sinnvoller Früherkennungsuntersuchungen an, die von den gesetzlichen Krankenkassen (GKV) in bestimmten Abständen übernommen werden. Hier ein Überblick über die wichtigsten für uns in der Lebensmitte (die genauen Altersgrenzen und Intervalle können sich ändern, dein Hausarzt kennt den aktuellen Stand):

- **Gesundheits-Check-up (ab 35 J., alle 3 Jahre):** Eine Art Basis-Inspektion. Umfasst ein ausführliches Gespräch (Anamnese), eine körperliche Untersuchung, Blutdruckmessung, Kontrolle von Blutzucker- und Cholesterinwerten sowie eine Urinuntersuchung. Auch dein Impfstatus wird meist geprüft. Eine super Gelegenheit, mit dem Arzt über deine Gesundheit, Lebensstil und eventuelle Sorgen zu sprechen.
- **Krebsfrüherkennung:**
  - **Hautkrebs-Screening (ab 35 J., alle 2 Jahre):** Der Arzt untersucht deine gesamte Haut auf verdächtige Veränderungen. Angesichts zunehmender Hautkrebsraten sehr wichtig!
  - **Darmkrebs-Vorsorge (entscheidend!):**
    - **Männer & Frauen 50-54 J.:** Jährlicher immunologischer Test auf verstecktes Blut im Stuhl (iFOBT).

- **Männer ab 50 J., Frauen ab 55 J.:** Wahlmöglichkeit zwischen:
  - **Darmspiegelung (Koloskopie):** Empfohlen alle 10 Jahre (bei unauffälligem Befund). Dies ist die sicherste Methode, um nicht nur Darmkrebs, sondern auch dessen Vorstufen (Polypen) zu entdecken und oft direkt zu entfernen. Hab keine Angst davor – die Untersuchung wird heute standardmäßig mit einer leichten Sedierung („Schlafspritze") angeboten, sodass du nichts davon mitbekommst.
  - **Stuhltest (iFOBT):** Alle 2 Jahre (wenn keine Darmspiegelung gewünscht wird oder der Abstand zur letzten mehr als 10 Jahre beträgt).
- **Für Frauen zusätzlich:**
  - **Gynäkologische Krebsfrüherkennung (jährlich):** Untersuchung der Genitalorgane, Zellabstrich vom Muttermund (Pap-Test, ab 35 J. alle 3 Jahre kombiniert mit HPV-Test) zur Früherkennung von Gebärmutterhalskrebs, Abtasten der Brust.

- **Mammographie-Screening (50-69 J., alle 2 Jahre):** Röntgenuntersuchung der Brust zur Früherkennung von Brustkrebs.
- **Für Männer zusätzlich:**
  - **Prostatakrebs-Früherkennung (ab 45 J., jährlich):** Tastuntersuchung der Prostata und der äußeren Genitalien. (Der PSA-Bluttest ist eine Zusatzleistung (IGeL), deren Nutzen und Risiken du individuell mit deinem Arzt besprechen solltest).
- **Impfschutz überprüfen:** Lass deinen Impfpass kontrollieren! Auffrischungen für Tetanus, Diphtherie und Keuchhusten (Pertussis) sind oft fällig. Je nach Alter und Risikofaktoren können auch Impfungen gegen Grippe, Pneumokokken oder Gürtelrose (Herpes Zoster, empfohlen ab 60 J. oder ab 50 J. bei bestimmten Grunderkrankungen) sinnvoll sein.
- **Augenärztliche Kontrolle:** Wichtig zur Früherkennung von Augenerkrankungen wie dem Grünen Star (Glaukom), dessen Risiko im Alter steigt.
- **Zahnärztliche Kontrolle:** Mindestens einmal jährlich, besser halbjährlich, zur Untersuchung und am besten auch zur professionellen Zahnreinigung.

Dein Hausarzt als Lotse:

Welche Untersuchungen für dich persönlich wann anstehen und am wichtigsten sind, besprichst du am besten mit deinem **Hausarzt oder deiner Hausärztin**. Er oder sie kennt deine Vorgeschichte, deine Risikofaktoren und kann dich individuell beraten und die Untersuchungen koordinieren.

Vorsorge ist kein lästiges Pflichtprogramm, sondern eine **kluge und fürsorgliche Entscheidung für dich selbst**. Sie ist eine Investition in viele weitere gesunde und aktive Jahre. Nutze die Angebote, sprich mit deinem Arzt und übernimm aktiv Verantwortung für deine Gesundheit. Wissen und rechtzeitiges Handeln sind oft der beste Schutz, den wir haben, um die zweite Halbzeit lange genießen zu können!

Stressmanagement & Seelenpflege: Gelassenheit kann man lernen

Unser „Wohlfühl-Kompass" zeigt nicht nur nach außen auf Bewegung, Ernährung und Vorsorge, sondern auch nach innen – auf unser seelisches Gleichgewicht. Denn Körper und Seele sind ein unzertrennliches Team! Gerade die Lebensmitte hält oft eine ganze Menge an Herausforderungen bereit: Vielleicht ist der Druck im Job hoch, die Kinder fordern uns (oder ziehen gerade aus, was auch eine Umstellung ist), die eigenen Eltern brauchen Unterstützung, finanzielle oder gesundheitliche Sorgen kommen auf. All das kann Stress verursachen und an den Nerven zerren.

Chronischer Stress ist aber nicht nur unangenehm, er kann auch krank machen – er schwächt das Immunsystem, belastet das Herz, stört den Schlaf und kann zu Ängsten oder Depressionen führen. Deshalb ist es so wichtig, gut für die eigene Seele zu sorgen und zu lernen, mit Stress besser umzugehen. Das ist kein Luxus, sondern ein grundlegender Baustein für Gesundheit und Lebensfreude. Und die gute Nachricht lautet: **Gelassenheit und innere Widerstandskraft (Resilienz) kann man tatsächlich lernen und trainieren!**

Dein Werkzeugkasten für mehr innere Ruhe:

Es gibt viele verschiedene Wege, um Stress abzubauen und die Seele zu pflegen. Finde heraus, was *dir* guttut – nicht jeder Tipp passt für jeden gleich gut:

1. **Stress erkennen & verstehen:** Werde dir deiner persönlichen Stresssignale bewusst (z.B. innere Unruhe, Verspannungen, Schlafprobleme, Gereiztheit). Was löst

bei dir Stress aus? Oft hilft es schon, die Auslöser zu kennen und zu akzeptieren, dass man nicht immer alles kontrollieren kann, aber die eigene Reaktion darauf schon.

2. **Atem-Anker nutzen:** Deine Atmung hast du immer dabei! Ein paar Mal tief und bewusst in den Bauch ein- und ausatmen kann in akuten Stressmomenten Wunder wirken und dich sofort etwas ruhiger machen.

3. **Aktive Entspannungstechniken:** Probiere verschiedene Methoden aus:

   - **Progressive Muskelentspannung:** Bewusstes An- und Entspannen einzelner Muskelgruppen.
   - **Meditation oder Achtsamkeitsübungen:** Lernen, im Moment präsent zu sein, ohne zu werten. Es gibt viele gute Apps (z.B. 7Mind, Headspace, Calm) oder Kurse (oft auch von Krankenkassen bezuschusst), die den Einstieg erleichtern. Schon wenige Minuten täglich können helfen.
   - **Yoga, Tai Chi, Qigong:** Diese Praktiken verbinden sanfte Bewegung mit Atemlenkung und mentaler Fokussierung – ideal zum Runterkommen.

4. **Bewegung als Seelenbalsam:** Wie schon erwähnt (5.1), ist Bewegung ein fantastischer Stresskiller. Besonders Spaziergänge in der Natur können den Kopf freimachen.

5. **Soziale Netze pflegen:** Zeit mit Menschen, die dir guttun, deiner Familie, guten Freunden – ist unbezahlbar. Teile deine Sorgen, aber auch deine

Freuden! Das Gefühl von Verbundenheit und Unterstützung ist ein wichtiger Puffer gegen Stress.

6. **Grenzen setzen – Mut zum „Nein":** Du musst nicht auf allen Hochzeiten tanzen oder es immer allen recht machen. Lerne, deine Energie realistisch einzuschätzen und auch mal Bitten oder Aufgaben abzulehnen, wenn es dir zu viel wird. Das ist kein Egoismus, sondern Selbstschutz!

7. **Prioritäten klären & Perfektionismus loslassen:** Was ist dir wirklich wichtig im Leben? Konzentriere deine Energie darauf. Nicht alles muss perfekt sein – oft reicht „gut genug" völlig aus.

8. **Auszeiten & Hobbys bewusst einplanen:** Schaffe dir feste Zeiten für Dinge, die dir Freude machen und bei denen du abschalten kannst. Ob das Lesen, Musik hören, Gartenarbeit, Handwerken, dein politisches Engagement (solange es dir mehr Energie gibt als raubt!) oder etwas ganz anderes ist – diese „Inseln" im Alltag sind wichtig.

9. **Kleine Genussmomente schaffen:** Achte bewusst auf die kleinen Freuden des Alltags: der Duft von Kaffee, ein Sonnenstrahl, ein nettes Wort, deine Lieblingsmusik im Radio.

10. **Dankbarkeit üben:** Richte deinen Blick bewusst auch auf das, was gut ist in deinem Leben, wofür du dankbar bist. Das kann die Perspektive verändern und die Zufriedenheit steigern.

11. **Professionelle Unterstützung suchen:** Wenn du merkst, dass der Stress überhandnimmt, du dich dauerhaft überfordert, ausgebrannt, sehr ängstlich oder

niedergeschlagen fühlst, dann scheue dich nicht, professionelle Hilfe in Anspruch zu nehmen (Hausarzt, Psychotherapeut, Beratungsstelle). Das ist ein Zeichen von Stärke und Klugheit! (Siehe auch 4.1.3).

Zusammenfassend:

Stressmanagement und Seelenpflege sind keine optionalen Extras, sondern ein fundamentaler Teil eines gesunden und erfüllten Lebens, besonders in der oft anspruchsvollen zweiten Halbzeit. Indem du lernst, gut auf deine innere Balance zu achten, dem Stress aktiv begegnest und dir regelmäßig Gutes tust, stärkst du deine Widerstandskraft und legst den Grundstein für mehr Gelassenheit, Zufriedenheit und Lebensfreude. Betrachte es als eine kontinuierliche, lohnende Reise zu dir selbst!

6. Kapitel: Fazit: Mit Schwung und Wissen in die besten Jahre!

Wir sind am Ende unserer gemeinsamen Erkundungstour durch die Lebensmitte angekommen! Wir haben uns angeschaut, wie sich unser Körper und unsere Hormone verändern (Kapitel 2 & 3), haben gelernt, wie wir auf die Signale unseres Körpers hören und zwischen harmlosen „Macken" und echten Warnsignalen unterscheiden können (Kapitel 4), und haben unseren persönlichen „Wohlfühl-Kompass" mit wertvollen Werkzeugen für Bewegung, Ernährung, Vorsorge und Seelenpflege bestückt (Kapitel 5).

Von Anfang an war das Ziel, Licht ins Dunkel dieser oft verunsichernden Lebensphase zu bringen, Ängste abzubauen und dich zu ermutigen, diesen Jahren nicht nur mit Gelassenheit, sondern auch mit Neugier und Tatkraft zu begegnen. Denn die Art und Weise, wie wir diese Zeit erleben, haben wir zu einem großen Teil selbst in der Hand.

Was bleibt hängen? Unsere wichtigsten Erkenntnisse:

- **Veränderung ist normal:** Die körperlichen und hormonellen Umstellungen der Lebensmitte sind natürliche Prozesse.
- **Wissen gibt Sicherheit:** Zu verstehen, was im Körper vorgeht, nimmt vielen Sorgen den Wind aus den Segeln.
- **Hinhören ist eine Kunst:** Lerne, die Signale deines Körpers zu deuten – aber im Zweifel gilt immer: Ab zum Arzt!
- **Du bist der Kapitän:** Mit bewussten Entscheidungen bei Bewegung, Ernährung und Stressmanagement kannst du dein Wohlbefinden maßgeblich beeinflussen.
- **Vorsorge ist Fürsorge:** Regelmäßige Check-ups sind eine kluge Investition in deine Gesundheit.
- **Die Einstellung macht's:** Humor, Akzeptanz und Freundlichkeit dir selbst gegenüber sind unbezahlbare Begleiter.

Mit Wissen und Schwung in die besten Jahre!

Du hast auf dieser Reise viel **Wissen** über deinen Körper und deine Gesundheit in dieser Lebensphase gesammelt. Dieses Wissen soll dir als Kompass dienen, dir Orientierung geben und dich stärken. Nutze es, um gut für dich zu sorgen und informierte Entscheidungen zu treffen.

Und dieses Wissen soll dir **Schwung** geben! Den Schwung, die kommenden Jahre aktiv zu gestalten, Neues zu wagen, das Leben zu genießen. Denn die Lebensmitte ist kein Ende, sondern ein Übergang – oft in eine Phase mit neuen Freiheiten, tieferem Verständnis für sich selbst und die Welt und der Möglichkeit, die Weichen neu zu stellen.

Ob es wirklich die „besten Jahre" werden? Das liegt natürlich an vielen Faktoren. Aber sie haben definitiv das Potenzial dazu! Vielleicht nicht mehr so ungestüm wie mit 20, dafür aber oft reifer, bewusster und vielleicht sogar zufriedener. Erinnerst du dich an das Wilhelm-Busch-Gedicht vom Anfang? Die Definition von „alt" und „gut" verschiebt sich mit der eigenen Lebenserfahrung!

Bleib neugierig auf das Leben, achtsam mit dir selbst und aktiv in der Gestaltung deiner Tage. Nutze die Werkzeuge aus deinem Wohlfühl-Kompass, höre weiter auf die Signale deines Körpers und deiner Seele und mach das Beste aus deiner zweiten Halbzeit! Wir hoffen, dieser Ratgeber war dir dabei ein hilfreicher Begleiter und wünschen dir für alles Kommende von Herzen Gesundheit, Energie und viel Lebensfreude!

Älterwerden als Bereicherung: Neue Perspektiven gewinnen

In unserer Gesellschaft wird das Älterwerden oft mit Begriffen wie Verlust, Nachlassen oder Einschränkung verbunden. Wir konzentrieren uns leicht auf das, was nicht mehr so geht wie früher. Aber halt! Wenn wir den Blickwinkel ein wenig ändern, können wir entdecken, dass das Älterwerden auch eine unglaubliche **Bereicherung** sein kann und uns **völlig neue, oft tiefere Perspektiven** auf das Leben schenkt.

Das klingt vielleicht erstmal wie eine Schönfärberei, aber lass uns mal schauen, welche Schätze sich oft erst mit den Jahren ansammeln:

1. **Der Wert der Lebenserfahrung:** Denk mal darüber nach, was du schon alles erlebt, gemeistert, vielleicht auch durchlitten und daraus gelernt hast! Dieser riesige Fundus an Erfahrungen ist unbezahlbar. Er ermöglicht es uns oft, Situationen besser einzuschätzen, klügere Entscheidungen zu treffen und Prioritäten klarer zu sehen. Das ist die Basis für das, was man oft „Altersweisheit" nennt – ein Verständnis für die Zusammenhänge des Lebens, das man mit 20 einfach noch nicht haben kann.

2. **Die Chance zur Gelassenheit:** Mit der Erfahrung wächst oft auch die Gelassenheit. Man hat schon viele Stürme überstanden und weiß, dass die Welt nicht bei jeder Welle untergeht. Kleine Aufreger verlieren an Bedeutung, man kann Dinge besser akzeptieren, wie sie sind, und muss nicht mehr jeden Kampf kämpfen. Diese innere Ruhe kann eine große Erleichterung sein.

3. **Mehr Authentizität und Selbstkenntnis:** Der Druck, ständig jemandem gefallen oder etwas beweisen zu müssen, lässt oft nach. Man kennt sich selbst besser, mit allen Stärken und Schwächen, und traut sich eher, authentisch zu sein und für die eigenen Werte einzustehen. Das kann unglaublich befreiend wirken!

4. **Vertiefung von Beziehungen:** Die Lebensmitte bietet oft die Chance, Beziehungen – zur Partnerin oder zum Partner, zu Freunden, zur Familie – auf einer tieferen Ebene zu pflegen. Gemeinsame Geschichte verbindet, und oft hat man wieder mehr Zeit und Muße für wirklich bedeutungsvolle Begegnungen.

5. **Neue Freiheiten und Möglichkeiten:** Wenn die Kinder erwachsen sind oder der größte Karrierestress vorbei ist, entstehen oft neue Freiräume. Zeit für Hobbys, für Reisen, für ehrenamtliches Engagement, Zeit, um Neues zu lernen oder lang gehegte Träume zu verwirklichen.

6. **Wachsende Dankbarkeit:** Viele Menschen entwickeln mit den Jahren eine tiefere Wertschätzung für das, was sie haben – für Gesundheit, für liebe Menschen, für die kleinen Freuden des Alltags. Man nimmt vieles nicht mehr als selbstverständlich hin.

Neue Perspektiven auf das Leben:

Diese inneren und äußeren Veränderungen führen oft ganz natürlich zu neuen Sichtweisen:

- Man fokussiert sich vielleicht weniger auf materielle Dinge und mehr auf Erlebnisse, Beziehungen und Sinnhaftigkeit.
- Man lernt, die eigene Zeit bewusster wahrzunehmen und zu nutzen.
- Man entwickelt oft mehr Verständnis und Mitgefühl – für andere, aber auch für sich selbst.
- Man kann kurzfristige Probleme besser im großen Ganzen einordnen.

Natürlich bringt das Älterwerden auch Herausforderungen mit sich, das wollen wir nicht verschweigen. Aber es ist eben nicht *nur* Abbau. Es ist auch **Wachstum, Reifung und die Chance, das Leben aus einer reicheren, vielfältigeren Perspektive zu betrachten.**

Selbstfürsorge als Schlüssel: Gut für sich da sein

Wir haben gesehen: Älterwerden kann eine Bereicherung sein, eine Zeit neuer Perspektiven und Freiheiten (Abschnitt 6.1). Wir haben Werkzeuge gesammelt – unseren „Wohlfühl-Kompass" mit Bewegung, Ernährung, Vorsorge und Seelenpflege (Kapitel 5). Wir haben gelernt, auf unseren Körper zu hören und Warnsignale zu deuten (Kapitel 4), und wir verstehen die normalen Veränderungen der Lebensmitte besser (Kapitel 2 & 3).

Aber all dieses Wissen und all diese Werkzeuge nützen uns wenig, wenn wir nicht bereit sind, das Wichtigste zu tun: **Gut für uns selbst zu sorgen.** Selbstfürsorge ist kein neumodischer Trend oder gar Egoismus. Sie ist die **grundlegende Voraussetzung** dafür, dass wir gesund, energiegeladen und zufrieden durchs Leben gehen können – besonders in einer Phase, die oft von vielen Anforderungen geprägt ist. Sie ist der **Schlüssel**, der unseren Wohlfühl-Kompass erst richtig zum Funktionieren bringt.

Was bedeutet Selbstfürsorge konkret?

Es bedeutet, deine eigenen Bedürfnisse – körperlich, seelisch und geistig – ernst zu nehmen und bewusst darauf zu achten, dass sie erfüllt werden. Es bedeutet, dir selbst mit der gleichen Freundlichkeit, Fürsorge und Nachsicht zu begegnen, wie du es (hoffentlich) bei lieben Menschen tust, die dir am Herzen liegen.

Ein paar Vorschläge:

- Du brauchst Selbstfürsorge, um dir die Zeit und Energie für **Bewegung** zu nehmen.
- Selbstfürsorge heißt, achtsam bei der **Ernährung** zu sein und dir Mahlzeiten zuzubereiten, die dir guttun UND schmecken.
- Zur **Vorsorge** zu gehen, ist ein wichtiger Akt der Selbstfürsorge für deine zukünftige Gesundheit.
- **Stressmanagement und Seelenpflege** sind der Kern der Selbstfürsorge – dir Pausen zu gönnen, Grenzen zu setzen, Freude zu suchen.
- Die **Kunst des Hinhörens** auf deinen Körper und das Ernstnehmen von Warnsignalen ist ebenfalls pure Selbstfürsorge.

Wie lebst du Selbstfürsorge im Alltag?

Das ist sehr individuell! Es geht nicht darum, dein Leben mit noch mehr Terminen vollzupacken. Oft sind es die kleinen Dinge:

- Bewusst „Nein" sagen, wenn dir etwas zu viel wird.
- Dir eine Pause gönnen, wenn du müde bist, statt dich durchzuquälen.
- Dir Zeit für ein Hobby nehmen, das dir Freude macht.
- Den Spaziergang mit dem Hunda wirklich als Auszeit für dich genießen.
- Dir einen gemütlichen Abend mit deiner Frau oder mit deinem Mann gönnen.
- Dir Fehler verzeihen und freundlich mit dir selbst sprechen.

- Dir erlauben, Unterstützung anzunehmen, wenn du sie brauchst – sei es im Alltag oder durch professionelle Hilfe.

Mach dich selbst zur Priorität (zumindest manchmal)!

Versuche, Selbstfürsorge nicht als etwas zu betrachten, das du dir „leistest", wenn alle anderen Aufgaben erledigt sind (was meist nie der Fall ist). Sie sollte ein fester, selbstverständlicher Teil deines Lebens sein. Kleine, regelmäßige Momente der Achtsamkeit und Fürsorge für dich selbst sind oft nachhaltiger als seltene große Wellness-Aktionen.

Danke

Die Inhalte dieses Ratgebers wurden mit Hilfe von diversen KI System erstellt, das gilt auch für einen großen Teil der Bilder. Zwei der Bilder sind aber „von Hand" gemacht. Sie stehen auf Pixabay zur Nutzung bereit, es sind:

- Das Bild der lachenden und der weinenden Maske im zweiten Kapitel. Es kommt von <u>Colleen ODell</u> auf <u>Pixabay</u>.
- Das Bild der Checkliste im 6. Kapitel kommt von <u>OpenClipart-Vectors</u> auf <u>Pixabay</u>.

Vielen Dank an die Genannten für die Genehmigung zur Nutzung der Bilder.

© 2025 Frank Kemper
Verlag: BoD · Books on Demand GmbH,
Überseering 33, 22297 Hamburg, bod@bod.de
Druck: Libri Plureos GmbH,
Friedensallee 273, 22763 Hamburg
ISBN: 978-3-8192-2771-4